一时关注 终生受益

卡耐基
有效沟通
经典全集

简单高效沟通的成功法则

张艳玲 / 编

民主与建设出版社
·北京·

© 民主与建设出版社，2021

图书在版编目（CIP）数据

卡耐基有效沟通经典全集 / 张艳玲编 . —北京：民主与建设出版社，2016.4（2021.4 重印）

ISBN 978-7-5139-1089-7

Ⅰ.①卡… Ⅱ.①张… Ⅲ.①心理交往—通俗读物 Ⅳ.① C912.1-49

中国版本图书馆 CIP 数据核字（2016）第 100661 号

卡耐基有效沟通经典全集
KANAIJI YOUXIAO GOUTONG JINGDIAN QUANJI

编　　者	张艳玲
责任编辑	王　倩
封面设计	天下书装
出版发行	民主与建设出版社有限责任公司
电　　话	（010）59417747　59419778
社　　址	北京市海淀区西三环中路 10 号望海楼 E 座 7 层
邮　　编	100142
印　　刷	三河市同力彩印有限公司
版　　次	2016 年 8 月第 1 版
印　　次	2021 年 4 月第 2 次印刷
开　　本	710 毫米 ×944 毫米　1/16
印　　张	13
字　　数	130 千字
书　　号	ISBN 978-7-5139-1089-7
定　　价	45.00 元

注：如有印、装质量问题，请与出版社联系。

前言 | PREFACE

戴尔·卡耐基(Dale Carnegie,1888~1955),美国著名的心理学家和人际关系学家,人类伟大的心灵导师,被誉为"成人教育之父",著名演讲家、作家,公共演说与个性发展心理学领域先驱。他一生从事过教师、推销员和演员等职业,积累了丰富的人生经验。

卡耐基利用大量普通人通过不断努力取得成功的故事,并用演讲和著作的形式唤起无数陷入迷惘者的斗志,激励他们取得成功,达到自己的人生目标。卡耐基以超人的智慧、严谨的思维,在道德、精神和行为准则上指导千万读者,改变自己的生活,开创崭新的人生。

"一个人的成功,只有15%归于他的专业知识,还有85%归于他表达思想、领导他人及唤起他人热情的能力。"只要你不断反复研读本书,它必将助你获取成功所必备的那85%的能力。这就是卡耐基人际关系方面的魅力。

沟通是人们在工作和生活中每时每刻需要面对的,但什么是沟通?可能很少有人进行过认真、深入的思考。我们有理由推测,善于运用沟通的技巧,并能够进行有效沟通的人可能更少。事实上,许多很有才能的人,由于沟通环节存在问题而无法充分发挥自己的能力;一件本来很好的事情由于沟通环节出现问题导致结果适得其反……因此,如何进行有效的沟通,对于提高工作效率,甚至是增加人生的幸福感都非常重要!

所谓有效的沟通,是通过听、说、读、写等载体,通过演讲、会见、对话、讨论、信件等方式将思维准确、恰当地表达出来，以便能使对方接受。现在，常见的主流商业管理课程，如EMBA、MBA及其他各类企业培训等都已经将"有效沟通"作为管理者必备的一项素质要求包含在内。这是因为，一个团队如果不能有效地进行沟通，就不能很好地协作。而实际上，沟通是一件非常难的事。例如，有业绩考核指标的销售员在一起进行沟通时，一些业绩好的销售人员为了保证自己的地位，极有可能不会把自己行之有效的方法全盘说出来；中层领导认为经理说得或者做得并不对，但出于人事关系的考虑，他可能不会说出来，等等。

　　日常生活中的沟通也存在这样那样的问题。沟通交流都需要人们克服畏惧、建立自信，这是实现更有效说话的前提。这样，人们才能够最大限度地发挥自己的潜在能力，赢得别人的喜欢，获得成功。但是大部分人都存在畏惧心理，很难自信地表达自己的想法。

　　本书将关注有效沟通，教您如何建立自信来提高自己的表达能力，如何通过有效的演讲增强自己的信心和扩大自己的影响力，是一本由内而外，真正让您脱胎换骨的书。它将是您步入快乐的生活，迈向成功的职业生涯的垫脚石。

目 录

前言 …………………………………………………………… 1

第一章　重视与陌生人的交往

01　与陌生人说话 ……………………………………… 2
02　注意交往的尺度 ……………………………………… 4
03　给人良好的第一印象 ………………………………… 6
04　记住他人的名字 ……………………………………… 8
05　给对方一种谦和的感觉 …………………………… 12
06　网络交流不应失礼 ………………………………… 15

第二章　赞扬的魔力

01　慎对恭维 …………………………………………… 18
02　多些赞扬,少些指责 ………………………………… 20
03　暗示的力量 ………………………………………… 22
04　给他一个美名 ……………………………………… 24
05　多用礼貌用语 ……………………………………… 27

第三章　多想想别人

01　站在对方的角度看问题 …………………………… 32

1

02 知道对方需要什么 ……………………………… 35
03 对他人感兴趣 …………………………………… 37
04 多考虑别人的感受 ……………………………… 40
05 正视不公平 ……………………………………… 42
06 自尊并尊重他人 ………………………………… 45

第四章 让他觉得想法是自己的

01 让他说出你的观点 ……………………………… 50
02 让他觉得想法是自己的 ………………………… 52
03 巧妙地改变别人的想法 ………………………… 55

第五章 巧妙地表达自己的观点

01 间接地传达自己的观点 ………………………… 60
02 多用建议少用命令 ……………………………… 61
03 委婉地表达自己的观点 ………………………… 63
04 换一种方式做事 ………………………………… 65

第六章 承认自己也有错

01 承认"我也许不对" ……………………………… 70
02 批评别人前先想想自己 ………………………… 73
03 人人都有可能出错 ……………………………… 75

第七章 批评的艺术

01 懂得如何保住别人的面子 ……………………… 80
02 替他人想一想 …………………………………… 84
03 多一些宽容,少一些责备 ……………………… 87
04 委婉地批评 ……………………………………… 90
05 不妨采用迂回之术 ……………………………… 92

第八章　正视别人的批评

01　承认自己的错误 …………………………………… 96
02　善于自我批评 ……………………………………… 99
03　没有人会踢一只死狗 …………………………… 101

第九章　永远不要与人发生正面冲突

01　绝不正面反对别人的意见 ……………………… 106
02　运用技巧保持自己的风度 ……………………… 108
03　学会克制愤怒 ……………………………………… 111
04　争论没有赢家 ……………………………………… 114

第十章　竞争与合作

01　善用竞争 …………………………………………… 120
02　耐心成就大事 ……………………………………… 122
03　竞争与协作 ………………………………………… 124
04　知足与进取 ………………………………………… 127

第十一章　会说话，赢得好人缘

01　谈话前要做好充分准备 ………………………… 134
02　以肯定来开始谈话 ………………………………… 136
03　改变说话的语气 …………………………………… 139
04　学会倾听别人的心声 ……………………………… 141
05　让对方多说 ………………………………………… 145

第十二章　善待别人也是善待自己

01　善待所有的人 ……………………………………… 150
02　温和友善胜于愤怒与咆哮 ……………………… 152
03　多付出关心与温暖 ………………………………… 155
04　用真诚开启紧闭的大门 ………………………… 158

05 微笑会改变一切不愉快 …………………………… 161
06 不要做痛打落水狗的傻瓜 …………………………… 166
07 不妨流露自己的真情实感 …………………………… 170

第十三章　帮助别人，而不奢望感恩

01 幸福源于付出 ……………………………………… 176
02 男士应富有责任感地照料妇孺 ……………………… 179
03 付出不需回报 ……………………………………… 181
04 不要指望别人的报答 ………………………………… 184
05 给朋友分等 ………………………………………… 186

第十四章　关爱你的仇人

01 不要把时间浪费在怨恨别人上 ……………………… 192
02 不要对任何人抱有敌意和怨恨 ……………………… 195
03 爱你的仇人就是爱你自己 …………………………… 196

第一章

重视与陌生人的交往

如果你想让别人喜欢你，或者培养真正的友谊，或是帮助别人又帮助自己，就要重视与你所遇见的每一个人的交往，并且对别人表现出诚挚的关切。

01　与陌生人说话

精短的语句,如"对不住,麻烦你了……""费心,你可否……""谢谢你"——像这样的平常客气的话听上去就像每天在沉闷辛苦的生活轮齿上浇油润滑——而同时,这些都是我们优良品格的标志。

——卡耐基　《人性的弱点》

心理学家威廉·詹姆斯说:"人类本性上最深的企图之一是期望被钦佩、赞美、尊重。"渴望受人喜欢、受人尊敬,成为每个人喜爱结交的人,是我们内心中的一种基本愿望。

对人诚恳、正直,你自然会变成一个讨人喜欢、令人愉悦的人。你要乐于适应一切个人之间的往返关系,即使你是一个"很难弄"的人,甚或你的天性害羞,见人畏缩。更进一步,你也许就是一个很不善于社交的人,还是一样会有人喜欢接近你。

一个人如果只关心自己,他很难成为一个被人喜欢的人。要成为一个令人敬重的人,必须将你的注意力从自己的身上转移到别人身上去。

如果你过度地关心自己,就没有时间及精力去关心别人。别人想获得你的关心,却无法从你这里得到,当然也不会去注意你。

如果你希望别人喜欢你、敬重你,你必须先学会去爱别人。要真正地去关心别人、爱别人,激励他们展现最好的一面。那样,正如不求报酬做善事终会有所回报一样,别人也会加倍地关心你、爱护你。

最好的朋友是能将你内心中最好的潜质引导出来的人。你必须透过表面现象,看清一个人的真貌。如果你帮助他,使他达到内心所期望的境界,你当然可以赢得他的敬重和信赖。如果在一个艰难的处境中,你能对一个人表现出你的理解和耐心,则不只是那个人,其他的人也同样会对你非常敬重。

第一章　重视与陌生人的交往

一个人的行动和语言一样能表明思想,行动有时甚至比语言更明白、更直接。我们大都只是听人说话,而没有注意到行动也是一种语言,因此使人与人之间的沟通受到阻碍。

当我们去参加一个规模较大的宴会的时候,大家都会有一种不约而同的想法,就是最好避免和陌生的人同席,因为和熟人同席就有说有笑,和陌生人在一起就失去乐趣了。其实,这种想法正是逃避学习人际交往的意识在作祟,正如走进网球场而不想练球一样可笑。

也许你认为自己不打算在社交上大出风头,只是脚踏实地自己干自己的,没有什么必要去认识太多的朋友。我们可以看到马克·吐温也不是一个靠社交出风头的人,他的主要事业只是埋头著作,他只需要天才和更多的幽默感。然而,任何人都承认,马克·吐温是一个朋友最多、与朋友相处得最好的人。

这也正如他自己所讲,一个人,唯有可以和一个跟自己毫无利害关系的人都相处得十分有趣味,那才是真正的快乐。

我们不但要习惯与陌生人打交道,而且要乐于与他们交往,朋友就是这样慢慢认识的。

02　注意交往的尺度

应酬是我们日常生活中一件很头痛的事,尤其是和陌生人接触,更会令人产生心理上的抵抗。而我们又必须学会应酬,并在其中寻找人生的乐趣。

——卡耐基 《人性的弱点》

我们每天的日常生活方式,从理论上说,无论如何也说不上是合理的。有许多事情,由于长期的习惯和惰性,变成不合理。但不要企图把这些不合理的习惯打破,不然在应酬上,就会遭遇到对方"心理上的抵抗"。所谓"心理上的抵抗",是指对方认为你不近人情。如果对方有这种感觉,你的应酬效果就会大大降低。关于这些不合理的日常生活习惯和方式,我们可以列举出太多的例子。最平常的小事,是日常见面时的礼貌。比如我们与友人见面,分明并无失礼之处,但一定要谦逊地说"失礼";分明是别人邀请你去,但临行时总会说声"打扰";你去某公司任职,分明不是某人介绍的,但他问起你时,你会说是托他的面子才进的公司……

但如果你不说这种不合理的话,别人就会认为你太不近人情了。不过,假如你到了欧洲或某些其他地方,你按照上面的方式讲这种礼貌话,就不合适了。

在日本,公共汽车售票员向每个下车的乘客说:"多谢您!"对上车乘客说:"对不起,让您等了很久。"而在美国就不是这样。

所以,这种情况不是合理不合理的问题,是因为每个地方的风俗习惯不同而需要注意。

对于陌生的人,我们应找个人介绍。以人寿保险经纪人为例,他们去找新的主顾,现在都已采用"托人介绍"的方式。因为有人介绍,就绝不会吃闭门羹。当然,替你写介绍信的人,一定是在对方心目中很有地位的。

第一章　重视与陌生人的交往

和陌生人首次见面,最好用介绍人做初次见面的话题。

应酬时间的长短问题,在一种适当的应酬上,有很重要的价值。当然,我们要从应酬的本质、目的和种类去加以判定,不可一概而论。

如果事情不是一说即合,或需要辩论的,可能花上一两个小时也说不定。但是一个不变的原则,就是我们应该尽量缩短应酬时间,要提防自己和对方产生"疲劳感"。因为时间这种东西,有物理方面和心理方面的区别。当你和一位知己朋友谈了一小时,而他一看手表,啊呀,12点了,快没有公共汽车了,末班船也快开了……这样的应酬,会使人感觉到,虽然物理的时间已过1个小时,心理上却只有20分钟的感觉。有些人参加应酬,对于物理时间满不在乎,却很重视心理上的时间。那就是说,当他对于这场应酬感兴趣时,他不计较究竟花了多少时间;否则,心理上就有度日如年之感。

毕竟我们人类是被物理时间控制着来生活的,所以最好还是不要浪费时间。这样既方便了自己,也方便了别人,更要紧的是使应酬本身有效。

在潘多拉的盒子被打开并落到人间后,人间便有了仇恨与邪恶。人际交往开始以利益为目的,从那一刻起,也就产生了交际的艺术。

03　给人良好的第一印象

>一个人的"第一印象"是非常重要的,别人对你,或你对别人都是一样。
>
>——卡耐基 《人性的弱点》

别人对你的认识是从第一印象开始的,这种第一印象一旦形成,将很难改变。

研究表明,当一个人见到另一个人时,第一印象往往是在前3秒确定的,而且是在没有任何语言交流的前3秒,因为别人已从你的形象气质窥见了你的基本特征。

在应酬中,如果第一印象不好,想要挽回,就要做很大的努力,所以,一定要特别注意第一印象。

第一印象是非常重要的,因为你不可能再有第二次机会了。一个人的外貌对于他本身有很大的影响,穿着得体就会给人以良好的印象,它等于是在告诉大家:"这是一个重要的人物,聪明、成功、可靠。大家可以尊敬、仰慕、信赖他。他自重,我们也尊重他。"

要给人以良好的第一印象,首先要注意服装。

有人会有异议:服装哪会成为问题?应酬的内容最重要。

而现实是,你看见一个成年人穿了一条牛仔裤,你可能会有轻佻的印象;你看某人穿的长裤裤管正中没有一条线,也会觉得有些不舒服。留意服装的意思并不是要你穿上最流行的、最时髦的衣服,只是你的穿着要让人觉得有整齐、清洁之感。至于衣服是新、是旧,质料是好、是坏,都不成问题。

美国有许多家大公司对所属雇员的装扮都有"规格",所谓规格自然不是指一定要穿得怎么好看或指定衣料,而是"观感"的"水准"。

专家们所著的书中,提出应酬前的仪表应注意以下几点:

鞋擦过了没有?

裤管有没有线?

衬衫的扣子全部扣好了没有?

剃了胡子没有?

梳好头发没有?

衣服的皱纹是否注意到?

不只在美国如此,其实在世界上任何地方都一样。泰国有一家保险公司的外勤人员向公司报告,当他们向农民进行劝说工作时,穿得整齐的人员业绩相对较高,可见农民们本身虽然穿得不好,但对穿得整齐的人,总是较有信赖感的。

我们进行应酬时,应该重视一下现实。要推己及人,不然便会遭受一些不必要的失败。

有一次,贝特格在一次技术交流会上结识了一位经理,该经理对贝特格公司的产品颇感兴趣,于是两人约定了时间准备仔细商谈一下。在前往公司的那一天,下起了大雨,于是贝特格就穿上了防雨的旧西装和雨鞋出门。

贝特格来到那家公司以后便递出了名片,要求和经理面谈,然而他等了将近一个小时才见到那位经理。贝特格简单地说明了来意,没想到那位经理却冷淡地说:"我知道,你跟负责这事的人谈吧,我已经跟他提过了,你等会儿再过去吧。"

这种遭遇对贝特格来说还是第一次,在回家的路上,他反省着:"是哪个地方做错了呢?今天所讲的内容应该是跟平常一样有足够的魅力能够吸引客户的呀?怎么会这样呢?"他百思不得其解。

然而,当他经过一家商店的广告橱窗时,看到自己的身影后恍然大悟,立刻明白自己失败的原因了。平常贝特格都穿得很干净、潇洒且神采奕奕,而今天穿着旧西装、雨鞋,看着就像落魄的流浪汉,更别提推销了。

别人对你的第一印象,往往都是从服饰和仪表上得来的,因为衣着往

往可以表现一个人的身份和个性。办事情顺利与否,第一印象至关重要,不讲究仪表就是给自己打了折扣,自己给自己设置了成功的障碍,不讲究仪表就是人为地给要办的事情增加了难度。

当然,给人良好的印象不仅仅要靠外在的仪表,更要靠内在的素质。内容是最根本的东西,外表仅仅是包装。

04　记住他人的名字

每个人都以自己的名字为荣,为了让人们能够记住他们的名字,他们可以不惜任何代价。几个世纪以来,贵族和富人们常资助一些艺术家、音乐家和作家,为的就是在他们创作的作品中留下一个名字。

——卡耐基　《人性的弱点》

第一章　重视与陌生人的交往

一个人的名字对他来说,是所有语言中最甜蜜、最重要的声音。我们记住了对方的名字,并叫出来,是对他最大的赞美。

有时候要记住一个人的名字真难,尤其当它不太好念时。一般人都不愿意去记它,心想:算了! 就叫他的昵称好了,而且容易记。锡得·李维拜访了一个名字非常难念的顾客。他叫尼古得玛斯·帕帕都拉斯,别人都只叫他"尼古"。李维在拜访他之前,特别用心地念了几遍他的名字。当李维用全名称呼他,向尼古得玛斯·帕帕都拉斯先生问候早安的时候,他呆住了。过了几分钟,他都没答话。最后,眼泪滚下他的双颊,他激动地告诉李维,他在这个国家十五年了,从没有一个人会试着用真正的名字来称呼他。

卡内基被称为钢铁大王,但他自己对钢铁的制造懂得很少。他手下有好几百个人,都比他了解钢铁。

但是卡内基知道怎样为人处世,这就是他做大企业的原因。小时候,他就表现出非凡的组织才华和卓越的领导天才。当他10岁的时候,他就发现人们对自己的姓名看得惊人的重要。他利用这项发现,去赢得别人的合作。比如,他孩提时代在苏格兰的时候,有一次抓到一只兔子,那是一只母兔。他很快发现了一整窝的小兔子,但没有东西喂它们。可是他有一个很妙的想法,他对附近那些孩子们说,如果他们找到足够的苜蓿和蒲公英,喂饱那些兔子,他就以他们的名字来替那些兔子命名。

许多年以后,他在商业界利用同样的人性弱点,赚了上百万元。例如,他希望把钢铁轨道卖给宾夕法尼亚铁路公司,而艾格·汤姆森正是担任该公司的董事长。因此,卡内基在匹兹堡建立了一座巨大的钢铁工厂,取名为"艾格·汤姆森钢铁工厂"。

卡内基这种记住及重视朋友和商业人士名字的方式,是他成功的秘诀之一,他以能够叫出许多员工的名字为傲。他很得意地说,当他亲任主管的时候,他的钢铁厂从未发生过罢工事件。

人际往来常常是频繁而短暂的。若能在这短暂的见面中,记住对方的名字,对方就会有一种被重视的感觉。这一点,对人际关系绝对有很大

的积极作用。

　　记住别人的名字并运用它的重要性,并不是国王或公司经理的特权,它对我们每一个人都是如此。

　　肯恩·诺丁罕是印度通用汽车厂的一名雇员,他通常在公司的餐厅吃午餐。他发觉在柜台后工作的那位女士总是愁眉苦脸。她做三明治已经做了快两个小时了,他对她而言,又是另一个三明治。他说了所要的东西,她在小秤上称了片火腿,然后给了他几片莴苣,几片马铃薯片。

　　隔一天,他又去排队了。同样的人,同样的脸,不同的是,他看到了她的名牌。他笑着叫她"尤尼丝",然后告诉她要什么。她真的忘了什么秤不秤的,她给了他一堆火腿、三片莴苣和一大堆马铃薯片,多得快要掉出盘子来了。

　　我们应该注意一个名字里所能包含的奇迹,并且要了解名字是完全属于与我们交往的这个人,没有人能够取代。名字能使人出众,它能使他在许多人中显得独立。我们所做的要求和我们要传递的信息,只要我们

第一章 重视与陌生人的交往

从名字这里着手,就会显得特别重要。不管是员工还是总经理,在我们与别人交往时,名字会显示它神奇的作用。

试想,当你叫出对方的名字,他会多么地受宠若惊。当然他的快乐就更不用说了。

多数人不记得别人的名字,只因为不肯花必要的时间和精力去专心地、重复地、无声地把名字根植在他们的心中。他们为自己找出借口:因为总是太忙了。

德州商业股份有限银行的董事长班顿拉夫相信,公司愈大就愈冷酷。他认为唯一能使它温暖一点的办法,就是记住人的名字。他说,假如有个经理告诉他,无法记住别人的名字,就等于在说,他无法记住一个很重要的工作,而且是在流沙上做着他的工作。

加州的凯伦·柯希是一位环球航空公司的空服员。她经常练习去记住机舱里旅客的名字,并在为他们服务时称呼他们。这使得她备受赞许,有直接告诉她的,也有跟公司说的。有位旅客曾写信给航空公司说他好久没有搭乘环球航空的飞机了,但从现在起,一定要环球航空的飞机他才会搭乘。因为他觉得航空公司好像是专属化了,这对他来讲有很重要的意义。

派德斯基每次乘车时,都使那位普尔门列车上的黑人大厨觉得自己很重要,因为他总是称呼他"古柏先生"。有15次派德斯基旅行美国,在各地热烈的听众面前表演,每一次他都占着一节私人车厢,在音乐会之后,那位大厨就替他准备好夜宵。在所有的那些岁月中,派德斯基从来没有以美国的传统方式称呼他为"乔治",派德斯基总是以他那古老的正式方式称呼他"古柏先生",使古柏先生很高兴。

人们对自己的名字很骄傲,不惜以任何代价使他们的名字永垂不朽。即使盛气凌人、脾气暴躁的RT·巴南,也曾因为没有子嗣继承巴南这个姓氏而感到失望,愿意给他外孙子CH·西礼两万五千美元,如果后者愿意自称巴南·西礼的话。

几个世纪以来,贵族和企业家都资助着艺术家、音乐家和作家,以求

11

他们的作品中能够留下自己的名字。

图书馆和博物馆最有价值的收藏品,都来自于那些特别担心他们的名字会从历史上消失的人。纽约公共图书馆拥有亚斯都氏和李诸克斯氏的藏书;大都会博物馆保存了班吉明·亚特曼和JP·摩根的名字;几乎每一座教堂,都装上了彩色玻璃窗,以纪念捐赠者的名字。

绝对不能为记不住别人的名字找借口,比如"记性不好"或是"太忙了"。这些借口不是记不住名字的理由,而是在逃避现实。

05　给对方一种谦和的感觉

傲慢和自大会使别人对你抱有成见,并且排斥你;而谦和的态度,温和的语言,会使别人乐于接受你,这样你就更容易赢得朋友。

——卡耐基　《人性的优点》

商务交往是一种比较复杂的关系,人的心理也很微妙。每个人都希望得到自尊,每个人也都希望得到别人的尊重,如果对对方采取一种谦和的态度,对方就会有一种被尊重的感觉。

谦和的人之所以受人喜爱,就是因为他们能认识到自己的不足,同时重视别人的存在,时时处处尊重别人,体贴别人,由此很容易使人与人之间的隔膜和疑心冰消雪释。

在好莱坞红极一时的爱丝德·威廉丝,以体形优美出名。她演了《出水芙蓉》这一影片之后,成为拍游泳镜头影片中最受欢迎的女明星。

她有丈夫也有儿女,这是许多人都知道的。但是,影片公司却认为被人知道没什么,但绝不能被人看见。他们向爱丝德建议,为了保持票房价值,最好避免和丈夫或儿女在公共场合出现。

但是有一次,她带了儿女在机场被记者发现了。记者们认为镜头难得,便请爱丝德和她儿女合拍一张,以便于刊登。

如果你是她,你怎样应付?你也许会说:"不要拍呀,拍了我的票房价值要减低!"或者"我的公司说过不要我和儿女一起拍照刊出。"甚至大发脾气:"你们拍我抢镜头了!"

可爱丝德的方法是:请大家到候机室坐下来,然后把记者们当作来送机的朋友。她说这次是带孩子们去上学,如果刊出这些小孩子的照片,对他们未来的心理以及在学校里的前途似乎不大好。不知道大家意见如何?

结果,记者们同意了她的看法,只拍了她一个人的照片。

某公司的一个办公室主任说话很啰嗦。办公室主任掌管着整个办公室职员休假的审批权,职员要休假没有他签字是不行的。于是这位办公室主任"充分"地利用了这一权利,每当有职员找他批假条时,他就做出一副居高临下的神态,嗯嗯啊啊地问这问那,那派头跟法官审犯人差不多,每一次都至少要"审"上半个钟头才能把他的大名签到职员们的休假条上。职员们对此既讨厌又无奈,私下里对这位主任非常愤恨,称他为"碎嘴蟹",可见职员与主任之间的对立情绪。

　　罗西曾经在一个报社干过编辑,他们当时的主编保罗·福塞尔50多岁。每天一到报社,罗西都能见到保罗·福塞尔带着一脸的微笑,并且和每一位编辑、记者乃至勤杂工打招呼。如果有什么问题向他汇报或请教,保罗·福塞尔也总是微笑着,身体微微前倾,认真地听完你的话,然后以感激的口吻说:"辛苦了!"或者以商量的口吻说:"你看是不是这样……"所以罗西说他每次从保罗·福塞尔的主编室出来,心里都是暖暖的,哪怕是有些建议没有被采纳,也会从保罗·福塞尔那儿得到一句让人心暖的话:"这个主意不错,只是还不成熟,让我们一起再酝酿酝酿。"遇到这样的领导,你还有什么好说的。

　　生活中,像"碎嘴蟹"办公室主任这样的人并不在少数,而且几乎在很多场合都能够碰到。所以在日常应酬中,无论你的谈话对象是谁,都应该给对方一种谦和的感觉,而不要露出一副逼人之态。一位哲学家曾经说过:"尊重别人是抬高自己的最佳途径。"的确是一语道破了天机。

　　很明显,如果让你在"碎嘴蟹"和保罗·福塞尔之间选择一个领导的话,你肯定会毫不犹豫地选择保罗·福塞尔,而且相信所有人都会有相同的选择。因为谦和会给人亲切感,从而赢得人心。如果像"碎嘴蟹"那样,一味地咄咄逼人,一味地耍派头,唯恐别人不知道他"身居要职",那么最终只能使所有人都讨厌他。

　　做人境界之高低,往往体现在处理矛盾的不同方法上,有人善于化解矛盾,有人善于激化矛盾。前者自然高妙,后者自然笨拙。同样一句话,可以使人笑逐颜开,也可以使人剑眉倒竖。之所以会产生不同的结果,完全取决于说话者的不同态度。友好的姿态、谦和的语气会让你赢得人心。

06　网络交流不应失礼

网络交流的双方互不相识,但是,不要认为这样就可以在网络上为所欲为了。否则,迟早会被网络"踢"出来。

——卡耐基 《人性的弱点》

可能你会认为掌握网络交流所遵循的基本礼仪是一件容易的事。其实并不是这样,正如一位专家所说,想要操作好网络礼仪实际上很困难。其重要的原因就是,由于网络里走动着许多文化背景、经济背景以及教育程度不同的用户,交流中极有可能产生误会和冲突。但有一些通用的礼仪还是应该掌握的。

如果你的话全部都用大写表示,就意味着你在喊叫。如果别人这样做了,礼貌地请他停止。如果他不听,大度一点,也许他的大小写转换键需要修理了。如果那是个惯犯,不要读任何从他那里发出的邮件。如果喊叫者是你的老板,那就看你自己的了。

一定要认真一些,不要把信件的地址弄错,私人信件更应该如此。在一家银行上班的一位小姐不幸爱上了英俊的男同事。可是爱情进展得让这位小姐非常绝望,在冲动之下,她决定利用公司的电子邮件系统谴责男同事的薄情寡义。小姐的信写得很长,历数了男人的种种无能之处,不但在社交场合,而且在床上都令人失望。小姐随后慌乱地敲打键盘,把邮件发给了她所在的部门的所有同事,结果对双方都造成了很坏的影响。

在日常交谈中,听来有趣和合理的东西变成书面形式后就可能会显得咄咄逼人、唐突甚至粗鲁。许多人有时不很在意,写电子邮件时并不像写普通信件时那么认真和注意修饰。实际上,在把邮件发到互联网上之前应该好好地通读一下。与此相关,你应当认真阅读别人所写的内容,他们真正要表达的并不一定是书面上你所理解的那种意思。如果有人传给你一则令人反感的东西,那可能是个错误,或是不成功的玩笑。

如果你的邮件显得粗俗而又无理,这不仅不能为他人接受,而且,由于邮件是有案可查的东西,它可能会给你带来损害,甚至严重的后果。在现实中,有许多人都因为把不该写出来的东西写出来而犯下了不可弥补的错误。

不要写那些带有怒火的文字。因为一旦你在盛怒之下写出你脑子里所想的一切,别人会认为你既愚蠢又不成熟。

我们有时可能会碰到连环信事件,说什么如果将自己收到的信复写几份,分别寄给10个人,多少天后你就会收到一大笔钱。不要相信这些骗人的鬼话,没有这么容易就能成为富翁的。

利用电子邮件能做的最令人厌恶的事就是四处传递连环信。因为所有的邮递程序都有转发命令,你只要敲几下键就把连锁信寄给他人了。如果你这样做了,你就是在重复别人的错误。往小里说它是在浪费资源,往大点说是违法。

凡事都有一定的规则。通过网络这一特殊媒体交往时,一定要把握好自己与人交往的尺度与技巧。

第二章

赞扬的魔力

大多数人天生就渴望赞美。一句赞扬的话,就像魔棒在他的心灵上点击而闪出的耀眼火花。

01　慎对恭维

　　赞扬与恭维如同一对双生子,往往难以辨别,而我们仍能发现它们的不同。它们一个是真诚的,另一个不是真诚的;一个出自内心,另一个出自牙缝;一个为天下人所喜欢,另一个为天下人所不齿。

——卡耐基　《人性的弱点》

　　在墨西哥城的查普特培克宫,有一尊奥布里冈将军的半身像。在那座半身像之下,刻着奥布里冈将军的哲学智慧之语:别担心攻击你的那些敌人,要担心恭维你的那些朋友。

　　美国迪斯尼公司创办者沃尔特在给妻子写的一封信中说:"这个行业没有机智,没有应变能力,没有专业培训是不容易显露头脚的。有些一肚子诡计的人,看起来很可爱,往往由于没经验,反而容易上当。之所以我没有像羊入狼群,是因为我庆幸我请教了一个人。我很乐观,自信……我认为很值得让人放心的是鲍维斯。"

　　然而,欺骗沃尔特的人,不是别人,正是他非常信任的那个鲍维斯。鲍维斯说,卡通影片录音方面,他拥有一组称为"电影声"的独立录音系统。据说只需要一两位音效人员和五六件乐器即可。沃尔特的信任,使一笔又一笔的钱流进了鲍维斯的口袋,最后鲍维斯对沃尔特假惺惺地说:"我特别想帮助你。你的米老鼠也可用来推销我需要的电影声。比大公司给你的钱还要多,我可以帮你做到。我可以负担卖到每一个州的放映卡通片的权利的一切费用,包括推销员的开销。给我十分之一的毛利就行了。这是摄制卡通片的钱,我先借给你。"

　　一个月过去了,但一直没有支票汇过来,满怀希望的沃尔特派人去了一趟纽约,还是没有拿到,这时的沃尔特才恍然大悟:鲍维斯是个大骗子。

　　曾为墨西哥革命英雄维拉做顾问的更塞·雷辛被沃尔特请去当法律

顾问。1930年1月,沃尔特请他去纽约找鲍维斯谈判,鲍维斯说,他并不重视米老鼠,米老鼠的成功不过是无意的,他只负责推销电影声,他希望续约在一年后顺利进行。沃尔特提出不付清旧账,免谈续约。鲍维斯说他能让对方续约,随后,他拿出一封由乌比和鲍维斯签约,并由他每星期给乌比300美元摄制新卡通片集的电报给沃尔特看。

与他一起辛苦创业的乌比也会背叛他!这怎么可能?沃尔特一下子像被推下深渊,呆呆地愣在那里。他没有想到,这是自己喜欢恭维而种下的恶果。

生活中,恭维无处不在地围绕着人们,甚至维多利亚女皇也被恭维所动。德莱里承认,他在女皇面前常常使用恭维这一法宝,引用他自己的话就是"厚颜无耻地恭维"。但是,德莱里是所有统治过大英帝国的人中最老练、最技巧、最有办法的人之一。在他那一行中,不能不称他是一名天才。

当然,对他人有效的方法,不见得对我们有效。恭维对你害多于益,恭维是假的,就像假钞一样。如果你要使用,最后总会惹上麻烦。

英王乔治五世,在他白金汉宫书房的墙上,贴着一幅六句格言,其中有一句是:教我如何不奉承也不接受廉价的赞美。恭维只是廉价的赞美,是对另一个人说出正好是他对自己的想法。然而不论你使用什么语言,你所说的还是对你自己的写照。

如果只要恭维就能够达到目的,大家就会争相恭维起来,那我们就都是做人处世的专家了。

当我们没有思考一些确定的问题时,通常会把我们时间的95%用来想着我们自己。现在,如果我们停止不想自己一会儿,开始想想别人的好处,我们就不会诉诸那些廉价的、还没有说出来就知道是虚情假意的恭维了。

过分的赞扬近于阿谀奉承,而对赞扬的吝啬就显得太过清高。适当的赞扬,会让人欢心地感受到你的友善。

02　多些赞扬，少些指责

你要得到别人的赞同，你要得到别人对你的承认，你要得到你在你的小世界中重要的感觉，你不要听卑贱不诚的谄媚，你渴求真诚的欣赏。你要你的朋友及同人，像斯瓦伯所说的，"诚于嘉许，宽于称道。"我们都愿意那样。

——卡耐基　《人性的弱点》

用赞扬来代替批评，是著名的心理学家史京勒心理学的基本内容，史京勒通过动物实验证明：由于表现好而受到奖赏的动物，它们在被训练时进步最快，耐力也更持久；由于表现不好而受到处罚的动物，那么它们的速度或持久力都比较差。研究结果表明：这个原则同样适用于人。我们用批评的方式并不能改变他人，反而经常会适得其反。

发现他人出现错误，我们通常会做的一件事就是批评他，以使之改正。而事实上，与批评相比，鼓励和赞扬更容易使人改正错误，又更容易让对方接受。

汤姆已经40岁了，但他十分想再学习一下舞蹈，于是，他请来了一位老师。课程一开始他就像20岁的时候一样跳，而老师却告诉他，跳的全都不对，必须将一切忘掉，重新开始。这使汤姆很灰心，便把那位老师辞掉了。

第二位老师就很会讲话，她说汤姆的姿势或许有点旧式，但基本功还是不错的，并且使他相信，不必费时就可以学会几种新舞步。她不断地称赞汤姆做得优秀，以减少他的错误。她赞扬汤姆有天生的韵律感，说他是一位天生的跳舞专家。这给予了汤姆很多希望，并使他不断进步。

其实，汤姆知道自己根本跳得就不好。而老师的赞扬，让他十分开心，也十分愿意继续学下去。

第二章 赞扬的魔力

威廉在一个邻近的街区新开了一家名叫"健康"的药店,而帕克·巴洛——一位经验丰富和声望极高的药店主,对此感到非常气愤。他指责威廉卖假药,并且毫无配药方的经验。

威廉受到攻击后,很是气愤,准备为此事向法院起诉。他去请教一个律师,这位律师劝告他说:"别把这件事闹得满城风雨了,你不妨试试表示善意的办法。"

第二天,当顾客们又向他述说帕克的攻击时,威廉说:"我想一定是在什么事上产生了误会。帕克是这个城里最好的药店主之一,他在任何时候都乐意给急诊病人配药。他这种对病人关心的态度给我们大家树立了榜样。我们这个地方正在发展之中,有足够的余地可供我们两家做生意。我是以帕克医生的药店作为自己榜样的。"

当帕克听到这些赞扬的话后,自觉惭愧,便急不可耐地去见威廉,并向他介绍了自己的一些经验,同时提出了一些有益的劝告。

后来,这两家药店的生意都非常好。由此可见,善意的赞美比批评更能征服人心。

　　大量的事实证明，当批评减少而鼓励和夸奖增加时，人所做的好事会增加，而比较不好的事会因受忽视而萎缩。

　　赞扬就像浇在玫瑰上的水，最终将会开出让人心动的花朵。赞扬别人其实并不费力，也许只是需要几秒钟，便能满足人们内心的强烈需求。

　　赞扬在领导与下属的关系中也尤为重要。一句赞扬可以让下属拼命地干，并且十分努力。但一句批评，就有可能使他站到你的对立面。

　　罗斯是一家印刷厂的厂主，有一次，他收到一份印得非常糟的印刷品，这是一名新工人干的活。新工人刚上班没多长时间，因为动作慢，怕完不成任务，所以慌慌张张地，没有注意产品的质量，只注意数量，印出的产品大多都不合格。车间的主管因此总是狠狠地训斥他工作不认真，说如果都像他那样做，工厂的次品就要堆积成山了，大家都只能回家了。

　　罗斯知道这件事后，找到了那名新工人，告诉他，昨天看到他的工作成果，印得不错。并赞扬他干劲十足，每天都能生产那么多的产品。要是每一名工人都像他这样有激情，工厂就会少很多对手了。最后罗斯希望他好好地干下去。

　　罗斯没有一句批评他的话，他的表扬激励了这名新工人。果然，后来他干得非常出色。

　　我们每个人都希望得到别人的赞扬，同时也害怕别人的指责。所以，我们应将心比心地为他人着想，多些赞扬，少些指责。

03　暗示的力量

　　赞扬和鼓励都是一种暗示。一些赞扬的暗示性语言或行动，能使人在低落与彷徨的时候重新获得勇气。

　　　　　　　　　　　　　　　　　　——卡耐基　《人性的弱点》

第二章 赞扬的魔力

暗示能使人把面粉当作药剂而治好病,也可能使人把蜂蜜当作毒液而丧了命,这就是它的神奇作用。

有一次,英国诗人罗杰斯在一家饭馆里吃饭,他认为他背对着的窗户没有关,有很多冷风从外面吹进来,因此担心自己有可能感冒。果然,饭后回家他即开始出现感冒症状。但事实上,他背后的窗户并不是没有关,也没有什么冷风吹进来,导致他感冒的真正原因完全是他的心理作用,他认为有冷风吹袭自己的后背,所以暗示自己会患感冒,结果就真的发生了。

暗示是一种心理现象,是人们接受某种信息,并对其进行感知、推理、判断、论证等的过程。而这些信息可能来自于自己对事物的主观认识,也可能来自于别人对自己的某些行为的反应,但归根结底都是自己思考的结果,是自己对信息加工之后它才发挥了作用。

人们都很羡慕明星们的美丽与非凡气质,其实这些往往来自于众星捧月的暗示。

一位美国心理学家做过一个实验,他在某一所中学挑了一个班,并向校长说这个实验可以让他看到一个奇迹。

班上有一名女生叫珍妮,她相貌平平,一点也不引人注意。心理学家找了个机会,把全班除了珍妮以外的所有人召集起来,他告诉大家,从今往后,所有人都要把珍妮当作全班最漂亮、最迷人的女孩儿,三个月后,就会收到意想不到的效果。

于是,从那天起,同学们改变了对珍妮的态度,这令珍妮受宠若惊。男生们把漂亮女生撇在一边,而向珍妮大献殷勤;女生们时常羡慕地望着她。老师们也改变了对她的态度,上课时,总是叫她回答问题,答对了便会得到夸奖。珍妮像坠入梦境一般,她不明白自己怎么会由一个灰姑娘一下子变成了白雪公主。

一个礼拜过去了,大家仍然这样众星捧月般对待她。她开始注意起自己的形象了,她眉头舒展开了,胸脯挺起来了,心情也渐渐开朗了,还经常与朋友一起尽情玩乐。

两个月后，全班同学惊奇地发现，珍妮真的改变了。容貌虽然不是美丽绝伦，却也楚楚动人，微笑常常挂在脸上。后来，选班长的时候，大家也一致选她。

实验的开始，大家都是逢场作戏。而这种赞美的暗示，却真的改变了珍妮，大家也都真心实意地喜欢她了。

逢场作戏的鼓励中，却暗示了一种赞扬。这种赞扬别人并不拒绝接受，于是，我们也不应再拒绝赞扬了。

04　给他一个美名

我们通常都希望别人能遵照自己的意愿去做某件工作，但是，要让别人乐意照着你的意愿去做，你就必须让他明白，他对你有多么重要。这样，他便会觉得这件事对他也有多么重要。

——卡耐基　《人性的弱点》

回顾1915年，当时的美国人心绪不安。因为一年多以来，欧洲国家

第二章 赞扬的魔力

间的互相屠杀,在人类血腥的纪录上从未有如此惨烈的状况,还会有和平吗?没有人知道,但当时的美国总统威尔逊决心一试。他派了一个私人和平使者去和欧洲的列强会谈。

国务卿威廉·吉尼·拜扬是和平的拥护者,很想去做这件事。他认为这是个推荐自己并使自己的名字永垂不朽的机会,但威尔逊指派了另一个人——他的挚友兼顾问克罗尼尔·艾德华·豪斯。这件事对克罗尼尔来说非常棘手,他不知如何告诉拜扬这个不受欢迎的消息,并且不冒犯他。

拜扬知道克罗尼尔是驻欧和平使者之后,非常失望。因为在这之前,拜扬早就计划着自己去做这件事。

但克罗尼尔找到了一种很好的表达方式。他对拜扬说,总统认为,派官方人员去不妥。假如拜扬去的话,会引起很多人的注意,人们会奇怪为什么派他去。

这是一个很有意思的暗示。克罗尼尔其实是告诉拜扬,他太重要了,担当这个任务太显眼,拜扬对此解释就没什么话可说了。

克罗尼尔精于处世之道,他遵从了人际关系中一项很重要的法则:让别人乐意做你所建议的事。

一句简单的赞扬,从我们口中说出也许并不算什么,但对于被赞扬者来说,可能具有非同一般的意义。

给他一个权威的称号,用赞美给予他尊严,他就会成为你的观点的坚决拥护者。

假如你要在领导方法上超越自我,希望改变其他人的态度和举止时,不妨试一试给他人一个美名,让他为此而努力奋斗。

布鲁克林的一位四年级老师鲁丝·霍普斯金太太看过班上的学生名册后,在学期的第一天,对新学期的兴奋和快乐中却染上忧虑的色彩:今年,在她班上有一个全校最顽皮的"坏孩子"——汤姆。汤姆三年级的老师,不断地向同事或校长抱怨,只要有任何人愿意听,就会不停地说汤姆的坏事。他不只是做恶作剧而已,跟男生打架,逗女生,对老师无礼,在班上扰乱秩序,而且情况好像愈来愈糟。他唯一能让人放心的是,能很快地学会学校的功课,而且非常熟练。

霍普斯金太太决定立刻面对"汤姆问题"。当她见到她的新学生时,

> 你是个天生的领导人才!

她说罗丝穿的衣服很漂亮,爱丽丝画画很不错。当她念到汤姆时,她直视着汤姆,告诉他,他是个天生的领导人才,今年要靠他帮老师把这个班级变成四年级最好的一班。在开始几天她一直强调这点,夸奖汤姆所做的一切,并评论说他的行为代表着他是一位很好的学生。

有了值得奋斗的美名,即使一个9岁大的男孩也不会令人失望,而他真的做到了这些。

头衔单独存在时,并没有什么意义,而将它送给一个需要它的人,就会对那个人产生决定性的作用。一切改变了,他会为此而奋斗。

韩特·舒密特的商店里有位雇员经常在食品店忘了把价格牌摆在各种物品前面,这使得顾客经常搞不清价格,频频抱怨这件事。提醒她,劝

告她,跟她谈都没起什么作用。最后,舒密特先生把她请进办公室,跟她谈了请她负责全店的标价牌事宜,这马上使得她的态度完全改变。从那时起,她就非常负责地做她的价格牌监督了。

这样做也许有人会认为幼稚,而且这也是人们批评拿破仑的话。当他定制了荣誉勋章,颁发了15 000个给他的部下,又把18个将军升为"法国元帅",以及称他的军队为"无敌陆军"的时候,有人批评拿破仑用"玩具"捉弄摆布饱受战争洗礼的老兵,而拿破仑答道:"人就是被玩具所统领的。"

这个"赋予名号头衔"的政策,能为拿破仑所用,当然也能为你所用。例如,恩尼斯特·杰安特住在纽约史卡斯达尔,她因一群男孩踏过她的草地,损毁了她的草地而烦恼。她尝试过斥责、哄骗,但都没用。于是她试着给那群孩子中最坏的一个起名号,给他一个权威感。她让他做她的"探长",由他负责驱逐所有入侵草地者,这就解决了她的问题。她的"探长"在后院燃起了一堆火,烧了一块烙铁,并威胁其他的孩子,别踏进草地,否则他就要给他烙上一个记号。

对于很多虚荣的人,也许可以放弃利益,但名声往往不容易放弃。所以,一个美名的作用,往往多于物质上的鼓励。

05　多用礼貌用语

如果我们要法式炸薯片时,女侍者却拿马铃薯给我们,让我们说:"对不起,又要麻烦你了,我更喜欢吃法式炸薯片。"她会回答"一点不麻烦",并非常愿意为你更换,因为你对她表示了尊重,她会还你以尊重。

——卡耐基　《人性的弱点》

在人际交往中,使用礼貌用语是最基本的态度,也是最重要的态度。一个人即使具有人类的一切美德,即使他非常优秀,如果他不懂得与人交往时使用礼貌用语，他就不可能获得成功。因为没有任何人愿意与一个不讲礼貌、没有教养的人交往。

有位商店老板，在接待应聘者杰森时，本来是准备聘请杰森的。在面试临近结束的时候，老板表示对事情的发展感到满意，并将于今后几天内与杰森会面。然而，杰森说："难道现在你不能告诉我，是否能得到这份工作吗？因为过几天我就要外出旅游去了。"老板说："噢，你不是告诉我，一得到通知就马上开始工作吗？"杰森说："你最好别指望我能坐下来等你几天的电话。"老板说："好吧，那我只能说，如果我们需要你，就会与你联系的。"然而，这位老板始终没有给杰森打电话。这是杰森缺乏礼貌语言的必然结果。

有位名叫亚诺·本奈的小说家曾说："日常生活中大部分的摩擦冲突都起因于恼人的声音、语调以及不良的谈吐习惯。"此话说得颇有道理。其实，只要我们仔细观察身边的人就会发现，谈吐的缺陷可能导致个人事业的不幸或损害所服务机构的荣誉与利益，可能导致父子不和、夫妻离异乃至人际关系的紧张恶化。一个人是否善于使用礼貌用语，决定企业是否愿意聘请他工作、与之交往，或是否愿意投他信任的一票并与之发生商业关系。

平常说话有许多口头"敬语"，我们可以用来表示对人尊重之意。"请问"有如下说法：借问、动问、敢问、请教、借光、指教、见教、讨教、赐教等；"打扰"有如下词汇：劳驾、劳神、费心、烦劳、麻烦、辛苦、难为、费神、偏劳等委婉的用词。如果我们在语言交际中记得使用这些词汇，相互间定可形成亲切友好的气氛，减少许多可以避免的摩擦和口角。

与他人相见时，互道一声"你好"，这再容易不过。可别小瞧这声问候，它传递了丰厚的信息，表示尊重、亲切和友情，显示你懂礼貌、有教养、有风度。

美国人说话爱说"请"，说话、写信、打电报都用，如请坐、请讲、请转告，据说美国人打电报时，宁可多付电报费，也绝不省掉"请"，因此，美国电话总局每年从"请"字上就可多收入一千万美元。美国人情愿花钱买

"请"字，我们与人相处，说个"请"字，既不费力，又不花钱，何乐而不为？

英国人说话少不了"对不起"这句话，凡是请人帮助之事，他们总开口说声对不起：对不起，我要下车了；对不起，请给我一杯水；对不起，占用了您的时间。英国警察对违章司机就地处理时，先要说声"对不起，先生，您的车速超过规定"。两车相撞，大家先彼此说声对不起。在这样的气氛下，双方的自尊心同时获得满足，争吵自然不会发生。

成功人士说话非常注意用礼貌语言，如：你好、请、谢谢、对不起、打搅了、欢迎光临、请指教、久仰大名、失陪了、请多包涵、望赐教、请发表高见、承蒙关照、谢谢、拜托您了，等等。礼貌用语，令人心情愉悦，满面春风。

"谢谢你，亲爱的，期盼你再次光临。"百货商店的老板布拉·伦迪对眼前这个穿着破烂的小女孩说道，她刚刚在店里买了一根灯芯。小女孩走出店门前转身看了他一眼，露出了惊喜的表情。结果，造成了一段经典的广告，为布拉·伦迪赢得了无数的客户，使他成为一个拥有50家连锁超市、身家上千万的富翁。

礼貌用语不是想说就能说得好的,要注意以下几点:

首先,要说真话,发自内心地说。"言必信,行必果",这是沟通时收到良好谈话效果的重要前提。只要肯尊重对方,高度地给予信任和肯定,任何人都会乐于将其优点表现得淋漓尽致。如果你希望某人懂得自尊自爱,你就该率先表现出你对他的信任和尊重。

其次,要切合当时的情境。运用语言进行信息传递、情感交流,离不开一定的时间、地点和场合,要使这种传递活动获得好的效果,语言运用不仅要符合特定的时代背景和此时此地的具体情景,还要恰当地利用说话时机,把握时间因素,力求切情切境,入情入理。

再次,明确目的。无论是与他人拉家常、叙友情,或是进行学术报告、演讲、谈判、采访乃至解说、寒暄、拜访、提问等,都是为了实现信息传递,沟通情感,增进了解,阐明观点等特定的交际目的而进行的。当与他人说话时,需要针对交际对象的特点和语言环境做出必要的调整,还要根据语言交流的主题,选择和使用恰当的语言,做到有的放矢,取得缓解气氛、增进友情的作用。

大文豪托尔斯泰说得好:"就是在最好的、最友善的、最单纯的人际关系中,称赞和赞许也是必要的,正如润滑油对轮子是必要的,可以使轮子转得快。"利用心理上的相悦性,要想获得良好的人际关系,就要学会不失时机地赞美别人。

第三章

多想想别人

让我们用理解代替责备,设身处地地为他们想想,为什么他们会这样做,这样做比批评更加有益。而且这样,就会使我们产生同情、容忍、仁慈之心。

01　站在对方的角度看问题

　　探查别人的观点,并且在他心里引起对某项事物迫切渴望的需要,并不是指要操纵这个人,使他做只对你有利而对他不利的某件事,而是两方面都应该在这种状况下有所收获。

　　　　　　　　　　　　——卡耐基 《人性的弱点》

　　在劝说别人做些什么事情时,开口之前,先停下来问,自己如何使他心甘情愿地做这件事呢?

　　讲师罗杰曾向华盛顿某家饭店租用大舞厅,每一季度用20个晚上,举办一系列的讲座。

　　在某一季开始的时候,他突然接到通知,说他必须付出几乎比以前高出3倍的租金。而得到这个通知的时候,入场券已经印好发出去了,而且所有的通告都已经公布了。

　　罗杰当然不想付这笔增加的租金,可是跟饭店的人谈论这件事,是没有什么用的,他们只对他们所要的东西——金钱感兴趣。几天之后,他去见饭店的经理。

　　罗杰先表示,收到通知有点吃惊,接着又说这根本不怪他。如果换作是自己,也可能会发出一封类似的信。作为饭店的经理,有责任尽可能地使收入增加。如果不这样做,将会丢掉现在的职位。

　　然后,罗杰取出一张信纸,在中间画一条线,一边写着"利",另一边写着"弊"。

　　他在"利"这边的下面写下这些字:舞厅空下来。接着分析把舞厅租给别人开舞会或开大会的好处。这是一个很大的好处,因为这类活动,比租给人家当讲课场地能增加不少收入。如果舞厅被占用20个晚上来讲课,对饭店当然是一笔不小的损失。

但有一点,这些课程吸引了不少受过教育、修养高的人士到饭店来。这对饭店是一个很好的宣传。

因为即使花费 5000 美元在报上登广告,也无法像这些课程能吸引这么多的人来这家饭店。这对一家饭店来讲,十分有价值。

罗杰一边说,一边把这些分析写在纸上,然后把纸递给饭店的经理,并回到办公室等待经理的决定。但是,他知道自己已经胜利了。

第二天,罗杰收到一封信,通知他租金只涨 50%,而不是 300%。

我们可以看到,罗杰没有说一句他所要的,就得到这个减租的结果。他一直都是谈论对方所要的,以及他们如何能得到他们所要的。

假设他做出平常一般人所做的,怒气冲冲地冲到经理办公室去责问这件事,那么情形会怎样呢?一场争论就会如火如荼地展开。

而谁都明白争论会带来什么后果。甚至即使罗杰能够使那位经理相信自己的决定是错误的,他的自尊心也会使他很难屈服和让步。

可以换个角度看问题,比如站在他人的立场上看。有时,我们会看到自己从前的可笑,更多的时候,我们会了解别人的看法,从而使事情得以顺利解决。

麦克对他的小儿子十分担心,因为他体重不足,又不好好进食。麦克一开始采取的是一般人的方式——呵责和唠叨:母亲要你吃这个,吃那个;父亲要你长得又高又大。

孩子会理会父母的这些要求吗?显然是不能的,就像你对地上的石头一样地不理会。

任何具有常识的人,都不会期望一个3岁的小孩对30岁的父亲的观点有什么反应,但这正是麦克所期望的。麦克最后才看出了这点,于是他开始反问自己,孩子需要什么,并开始想怎样把自己的需要变成孩子的需要。

当他开始往这方面想时,事情就容易了。他的孩子有一部三轮脚踏车,他喜欢在家门口的人行道上骑来骑去。他家附近住着一个比他大的孩子,常把他拉下来,将脚踏车抢去骑。

当然,这个小男孩就哭叫着跑回去告诉母亲,母亲就会立刻出来,把那个大孩子拉下来,把自己的小孩再抱上脚踏车。这种事情几乎每天都在发生。

这个孩子要的是什么?即使你不是福尔摩斯,也知道这个问题的答案。他的自尊、他的愤怒、他渴望得到自己是重要人物的感觉。所有他最强烈的情感,驱使他采取报复,把那个大孩子的鼻子打扁。而当他父亲告诉他说,有一天他可以把那个较大的孩子打得落花流水,如果他肯吃母亲让他吃的食物——一旦他父亲向他保证这点,他就不再有偏食的毛病了。麦克的小儿子开始愿意吃菠菜、泡白菜、咸鲭鱼及任何东西,以便快点长大,把那个时常羞辱他的小霸王痛揍一顿。

人的一生可以不断认识到许多东西,比如逐渐以别人的观点来思考,以别人的观点来看事情。

汤姆5岁了,可是还有尿床的坏习惯,而家里人都没办法对付他。

他一般跟他的祖母同睡。每天早上,他的祖母醒来,就会摸摸床单,然后告诉他昨晚他干的好事。而他无论如何也不承认,有时还会说那是祖母干的。

责问他,打他,一再地说他母亲不要他尿床,这一切都无法使床铺保持干爽。因此,他的父母就一直在为怎样才能使汤姆停止尿床而发愁。

后来父母明白了首先要知道汤姆想要的是什么。

第一,他想跟爸爸一样穿着睡衣,而不要像祖母一样穿着睡袍。祖母受够了夜间的骚扰,因此,如果他不尿床,很乐意为他买一件睡衣。

第二,他想要有一张自己的床。

母亲带他到百货公司,对店员小姐眨眨眼。

店员小姐使用能使孩子觉得自己重要的语气问,能拿些什么东西给他看看呢。

汤姆站在那儿,说他要为自己买一张床。

当店员小姐把一张他母亲希望他买的床给他看了之后,她对店员小姐眨眨眼,于是汤姆就在她们的劝说下,买下了它。

床在第二天被送来了。那天晚上父亲回到家时,汤姆就跑到门口叫他父亲到楼上来,看看他为自己买的床。

汤姆遵守了他的诺言,再也没有尿湿这张床,因为事关他的自尊心。这是他的床,他自己买回来的。而他现在穿着睡衣,像个小大人,他希望自己的举动像个大人,他办到了。

对别人的言行不以为然,实际上也是缺乏主见的表现。独到的见解不是抛弃别人的观点,而是在了解别人的观点中发现新的东西。

02　知道对方需要什么

对别人不感兴趣的人,生活中遭遇的困难最大,对别人造成的损害也最大。所有人类的失败,都在这些人身上发生。

——卡耐基　《人性的弱点》

亨利每年夏天都到缅因州钓鱼。他个人非常喜欢用草莓和乳脂作饵料，但他奇怪地发现，鱼儿比较喜欢小虫。因此，每次去钓鱼，他不想自己所要的，想的是鱼儿所要的。亨利的钓钩上不装草莓和乳脂，他在鱼儿面前垂下一只小虫或蚱蜢。

我们在人际交往中，也应该有这样的常识，李罗·乔治就从中得到了不少启发。常常有人问他，当所有那些战时的领导人物，比如威尔森、欧兰多、克里门索，被踢开和遗忘时，他为何仍然能掌握大权。他回答说，如果他的出人头地有任何理由，可能是因为他早已知道：要钓上鱼，饵必须适合鱼。

为什么要谈论他人所要的呢？这是孩子气的荒谬想法。当然，你感兴趣的是你所要的，你永远对自己所要的感兴趣，但别人并不对你所要的感兴趣。

埃里克这个曾一贫如洗的小孩，开始工作的时候每小时的工资是2分钱，后来却有能力向慈善机构捐赠36 500万美元。他很早就学到，能影响别人的唯一方法，是按对方所要的来做。他只上过四年学，但是他学到了如何对待别人。

比如说，他的嫂嫂，为她那两个小孩担忧得生起病来。

她的两个孩子就读于耶鲁大学，为自己的事，忙得没空写信回家，一点也不理会他们母亲写的焦急信件。

于是埃里克提议打赌100美元，他不必要求回信，就可以获得回信。有人跟他打赌，他便写了一封闲聊的信给他的侄儿，信后附带地说，他随信各送给他们5美元。

但是，他并没有把钱附在信内。

而回信终于来了，因为他们没有得到所期望的5美元。

当你知道了一个人需要什么，你就牵住了他的鼻子。

不假思索地打断对方的话题，不仅会引起对方的反感，而且还会失去得到真诚情谊的机会。多听别人的意见，就会了解他的需求。

罗得岛州瓦魏克市的麦克·威德是壳牌石油公司的一名地区推销员。麦克希望成为他所属区域里业绩第一的地区推销员，但是有一处加油站却使他的努力受到影响。这个加油站的经理是一位老人，而这里的卫生状况实在让人难以接受。麦克想尽办法仍不能使这名老人保持这个加油站的清洁，因此汽油销售量大为降低。

不论麦克怎样请求改进加油站的清洁，这位老人就是不理会。经过多次劝导和诚恳地谈话都没有效果之后，麦克决定邀请这位经理去看看他地区内最新的一处壳牌加油站。

这位老经理对新加油站的设施印象深刻。后来，当麦克再一次去看他的时候，他的加油站已经焕然一新，十分干净，因此销售量逐渐增加，从而使麦克实现了成为区域内业绩第一的目标。他过去的谈话和讨论都没有收到效果，但是他引起了那位经理内心迫切渴望的需要，以及邀请那位经理去参观了现代加油站之后，他达到了他的目的。而这一切，使得老经理和麦克都得到了好处。

有些人却始终不明白这个道理。一位鼻喉科专家开了一家诊所，他在检查病人的扁桃腺之前，就问患者从事哪一行。专家对病人的扁桃腺大小不感兴趣，他感兴趣的是病人钱包的大小。他主要关心的，并非他该如何治疗，而是他能从病人那里得到多少钱。结果他什么也不能得到。病人常常会因此走出他的诊所，并蔑视他没有人格。

我们迫切渴望别人能了解自己的观点，于是在交往中疯狂地表现，并占据了许多时间。别人的观点无法表达，对你的表现就会开始厌烦。因此，我们要知道他人需要什么，要学会对他人的观点感兴趣。

03 对他人感兴趣

不自私而愿意帮助别人的人，自己也会有很大的收获。一个能从别人的观点来看事情，能了解别人心灵活动的人，永远不必为自己的前途担心。

——卡耐基 《人性的弱点》

著名的古罗马诗人贺拉斯说："要想让别人对我们感兴趣，我们就必须先对别人感兴趣。"每个人都希望受到别人的关注和重视,都希望别人对自己感兴趣。如果我们表现出对他人感兴趣,那么我们就会被他人喜欢,受到他人的关注。对他人感兴趣,就要对他人说的话、做的事、他人的喜好等一切都感兴趣,真诚地关注他,尊重他,将他放在重要的位置,让他觉得自己受到重视。

对他人感兴趣,其实就是一种态度,一种积极友好的态度,一种正确的人际交往的态度。事实上,这也是一种交往的技巧,一种获得良好的人际关系的感情投资。这个技巧无论在何时何地,无论是任何人都可以使用,并且很容易做到,它虽然简单却非常有效。

有一次,著名杂志主编柯里尔到纽约大学给学生讲授短篇小说的写作理论。在课堂上,他说,每天他都要看许多篇风格各异的稿件,但每篇稿件只要看上几段,就可以知道文章的作者是否喜欢读者,如果作者不喜欢读者,那么读者也一定不会喜欢他的文章。在讲授快要结束的时候,他语重心长地总结道:"虽然我说的这些不是小说的创作理论,但如果你想成为一名成功的小说家,你就必须喜欢读者,对读者感兴趣。"

其实这个道理在人际交往中也同样适用。

态度是相互的,你对别人感兴趣、重视别人,别人也会对你感兴趣,关注你,重视你。这不仅是人际交往的法则,也是获得成功的捷径。

詹姆斯·亚当森是纽约超级座椅公司的董事长,当他得知著名的乔治·伊斯曼为了纪念母亲,要建造伊斯曼音乐学校和尔伯恩剧院时,他很想得到这两座建筑物座椅的订单。然而,伊斯曼只答应和他会晤五分钟。

"我从未见过这样漂亮的办公室。如果我有一间这样的办公室,我也一定会埋头工作的。"亚当森是这样开始谈话的。他又用手摸摸一块镶板,说道:"这不是英国橡木吗?条纹跟意大利的稍有不同。"

"是的,"伊斯曼回答,"这是一位对木材特别有研究的朋友替我选的。"

接着,伊斯曼就带他参观整个办公室,兴致勃勃地介绍那些比例、色彩和手艺。

一小时过去了,两小时过去了,他们愉快的谈话还在继续。最后,亚当森终于从伊斯曼那里得到了满足。这是自然的,因为亚当森给了伊斯曼满足。

几乎所有成功者,所有人际关系的高手,都是因为他们先对他人感兴趣、喜欢别人,才最终获得了别人的支持和帮助。

伊利亚是哈佛大学最成功的校长之一,他很有亲和力,广受师生们的支持和爱戴。有一次,一名贫困生到校长室去领取学校的救助贷款,伊利亚亲自将装有100美元的信封交给他。"听说你在寝室里自己做饭,"那名学生正要出门的时候,伊利亚叫住了他,"如果你觉得自己做饭还不错的话,就继续坚持吧。我觉得这样很好,既经济又实惠,吃起来还很美味,我在大学的时候也自己做饭吃……你做过土豆炖牛肉吗?如果炖得很熟很烂的话非常好吃,还很有营养,我过去经常做。"

从不对别人感兴趣的人,其生活必然面临重大困难,同时他的态度会严重地伤害别人,他无法与任何人建立良好的关系。正是这种人,让人们之间的关系不和谐,让人们有了许多失败的经历。

对他人感兴趣,可以拉近你们之间的距离,建立良好的人际关系,是获得好人缘的有效办法。

04 多考虑别人的感受

> 如果成功有任何秘诀的话，就是了解对方的观点，并且从他的角度和你的角度来看事情的那种才能。
>
> ——卡耐基 《人性的弱点》

称量别人，先揣度自己，将他人放在第一位，而将自己放在第二位。也就是说，无论做什么事情，都要先考虑到别人的感受。

在一次电视台的综艺节目中，主持人向嘉宾提出了这样一个问题："电梯里常常会有一面大镜子，你们认为这镜子是干什么用的呢？"

有的嘉宾回答："用来检查一下自己的着装仪表。"

还有的说："用来扩大视觉空间，增加透气感。"

也有的回答："用来看看后面有没有跟进了不怀好意的人。"

在一再启发而仍不能说出正确答案时，主持人终于说出了非常简单的道理："电梯里的空间有限，肢残人进入电梯后往往为了看清楼层显示灯而不得不艰难转身。正是为了解决这一问题，才会在里面安装一面大镜子。"

嘉宾们都显得很尴尬，其中有一位就抱怨说："我们怎能想到这一点呢？"

是呀，我们考虑问题时常会海阔天空，但不幸的是，无论思路如何开阔，我们往往还是从自己出发的。

处处考虑别人的感受，处处替别人着想，是一种高尚的品格。谁能有这样的品格，谁就会赢得别人的尊敬，赢得更多的机会。

人称"经营之神"的日本著名企业家松下幸之助有一次在一家餐厅招待客人，一行六个人都点了牛排。等六个人都吃完主餐，松下让助理去请烹调牛排的主厨过来，他还特别强调："不要找经理，就找主厨。"

助理注意到,松下只吃了一半的牛排,心想一会儿的场面可能会很尴尬。

主厨来时很紧张,因为他知道找自己的客人来头很大。

"先生,您好!我是这家餐厅的主厨,您找我是不是牛排有什么问题?"主厨紧张地问。

"不,牛排真的很好吃,你烹调牛排的技术很娴熟,"松下说,"但是我只能吃一半。原因不在于厨艺,因为我已80岁了,胃口大不如前。"

主厨与其他的五位用餐者困惑得面面相觑。

松下接着说:"我想当面和你谈,是因为我担心,当你看到只吃了一半的牛排被送回厨房时,心里会难过。"

大家终于明白了怎么一回事。

客人在旁边听见松下如此说,更佩服松下的品格,并更喜欢与他做生意了。

做事多想想别人,也许在无意中就会有一种美丽的收获。就像我们坐火车去某一个地方,如果只想着目的地,而对沿路的风景不屑一顾,那么这趟旅行便少了很多乐趣。而我们的人生就像是一趟旅行,旅行中我们会遇到很多人,多为别人想想,那么一路上我们就会多一段美丽的友情。

曾经有一座高山上住着一位高僧,每天这个高僧都要挑着两只桶到山下打水,以浇山上的菜园。时日久了,有一只桶便破了,开裂了一道缝,直到桶的腰际。从山上到山下的路崎岖不平,每次在山下小溪边灌满桶,但是到山上就只剩下半桶了。有的路人看到了觉得很疑惑,就问那位高僧为何不把桶修一下再挑水呢?高僧笑了笑,指着山路一边的许多不知名的野花说:"如果不是这样,路边怎么会有这么多赏心悦目的花呢?我挑水浇的是菜园,也是这路边的美丽啊!"路人听了,看看山路上,开着花的那边真是那只漏桶的那边。

05　正视不公平

多年前我就已经明白,我不能够阻止别人对我的批评或非议,但有一件事情却是我能做的,而且更为重要:我可以决定自己是否受到这些不公正批评的影响。当然,我并不是建议你对任何批评都不理不睬,而是说不要理会那些有失公允的批评。

——卡耐基　《人性的弱点》

天天听到这样的抱怨:这太不公平了!可惜的是我们每一个人都不能成为生活的法官。在现实生活中过多地沉醉于那些公平的思考已经使我们中的许多人背上了沉重的"渴望平等"的包袱,从而完全演变成一种对生活和自己的苛刻。

有的人总是抱怨自己与别人干的工作一样多,但工资奖金却比别人拿的少。有的人总是认为那些明星的收入太高,时时抱怨生活的不公平,并由此对这个社会失去了希望。他们想在生活的每一个角落寻求公平的落脚点,并总是把自己放在一个刚正不阿的法官的地位上裁断这世间各种不公平的事情,并痛心疾首地大声呼唤着"公平! 公平!"

强求公正是一种自寻烦恼、过于注重外部环境的表现,也是一种逃避现实责任的好借口。在寻求公平的人的眼中,好像一个真正有意义的人生就是这么永远保持对公平的执着和追求。可是不公道的现象总是存在的,我们不能因为没有绝对公平的起跑线、绝对公平的竞争机会,就宣布退出人生的角逐和比赛。我们可以抗议,可以去争取,但更要在逆境中保持良好的心态,在生存中不断提高自身的实力,在精神上不为这种现象所压垮,然后努力使这个世界看起来公平一点。

在这个世界上,绝对的公平是不存在的,但得失恩怨之间其实是有一种规律、法则在其中运行的。天行有常,从一个较长的时间系统里去看,公平是存在的,就如同马克思对价值规律的表述一样:价格是价值的表现形式,价格围绕价值上下波动;从长期来看,价格与价值肯定是一致的。

这段话同样适用于社会公平原理,从长期来看,社会肯定是公平的,但我们不可能任何时候、任何地点、任何事情都强求绝对公平,就如同你不能要求价格每时每刻都与价值相等同一样。

爱默生说:"一味愚蠢地强求始终公平,是心胸狭窄者的弊病之一。"因为我们不可能对人生投"弃权"票,所以就必须在努力争取的同时,学会宽容,才能正视不公平的现象。

当然,真正遭遇到不公平时我们仍然会心存不快,这时唱主角的就应是属于你的一份轻松平和的心态,它是化解种种不快的至尊法宝。

熟悉这首歌吗?"放轻松,放轻松,其实每个人都会心痛……洒脱不会永远出现在你的天空……"

这是一首一学就会的旋律轻松的歌曲,但若问"放轻松的意义何在"

和"怎样放轻松"时,你是否能够轻轻松松地说明白其中的道理?在生活节奏日趋加快的今天,倍感压力的现代人多渴望自己能够在紧张忙碌的学习、工作中松弛身心,减轻压力!而事实上却没有多少人能够如愿以偿。大多数人依然为生活所累,终日劳心费力、疲惫不堪。人们想松弛身心而做不到,因为他们没有深入思考应该怎样放松自己。

如果问及同事或朋友对"松弛身心"的含义的理解时,你得到的答案多半会同你的不谋而合,他们会下类似的定义:"松弛身心是人们想象中将来某一天(开始)要做的事情,比如你可以在假期里满足你的愿望,到时候你可以看到海边的落日余晖,躺在吊床上看书,蓝蓝的天、暖暖的风;当你有钱后,你就可以放弃所有的工作,那时可选择的余地就更大了,住别墅、开车逛街或外出旅游……"可见,人们对如何松弛身心的看法都非常实际,遗憾的是有些片面。想想看,在繁忙的工作生活中,你能有几天假期把自己挂在吊床上吹风,尽情地放松自己?而等到有钱时,你有钱的标准是什么?人贪婪的本性也许会让你等到精力不允许你去补偿自己年富力强时放弃的缤纷色彩。也就是说,等到假期或是有钱后才想到该放松放松自己,意味着人们在其生活中的大部分时间里,心甘情愿地承受着匆忙紧张和焦躁不安的压力。而十分令人痛心的是,这大部分的时间又正是每一个人生命中最有价值的部分!生活不是紧急事件,我们每一天都应该调整好自我状态,在学习、工作之余努力放松自己,在点滴生活中发现美的闪光点,不可以让疲惫、无聊、等待的感觉浪费生命。

能否做到从每天紧张繁忙的学习、工作中挤时间给自己一点放松的闲暇,不但要看一个人的心理素质如何,更要找到一种事半功倍的方法。因此不管时间有多紧迫、任务有多重,只要感觉到工作效率开始下降、精力不再集中时,就要及时抽出时间调整,暂停工作并能及时转入放松状态。事实上,许多人在考试临近时是绝不肯每天分出一小时的时间来读散文、逛街或看电视的,他们总认为:"现在一刻也不能放松!等熬过了这一阵子,再去睡个一天一夜!"其实,每天有规律地做到张弛有度,我们不仅浪费不了时间,而且还可以节约时间。最好不要忘记,那种期待到了将来的某一时刻才开始放松自己的计划是不可取的！如果你现在需要放松,你就现在开始放松自己。平和轻松的心态有助于激发潜能,最大可能地提高你的工作效率。只要时常保持一种平和轻松的心理,你就能在不知不觉中走向成功。要知道,创造力源于轻松和谐的思维;紧张忙乱的情绪只能给我们的事情添乱。有位成功作家向别人介绍说:"当我感到紧张、压力大的时候,我就不会浪费时间试图写哪怕一个字;但等我恢复了轻松平和的状态后,我笔下的文章就源源不断地产生了。"我们不妨向他学习。

要使生活真的做到"放轻松",你就必须训练自己自如应对生活琐事的能力。生活由一出出戏剧组成,喜剧、悲剧、闹剧等不可避免地轮流上演,你必须具备化悲为喜的能力、严防乐极生悲的意识,才能随时保持一份轻松平和的心态,凭着这份稳健的自信去闯荡人生旅途的风浪。

处变不惊的人格魅力来自于积极的自我暗示——一种对生活充满了宽容、仁爱的心态。它始终使你能够正确选择对待生活的态度。有了这种积极的自我意识,你就可以学会如何去正确思考人生,就可以在不公平的社会里保持一颗轻松平和的心,并能够结合实际环境创造出新的生活方式。实践中,你自主的选择必将赋予你一个更加轻松愉悦的自我。

06　自尊并尊重他人

一些微不足道的屈辱或虚荣心无法得到满足,结果造成世界上半数的伤心事。

——卡耐基 《人性的弱点》

不向任何人卑躬屈膝,不容许别人歧视、侮辱是"尊严"不变的内涵。只有自尊,才能受到别人的尊重。自尊心在平时需要培养,在特殊的情况下则需要捍卫。

霍克住在贫民区里,他的家庭状况也就可想而知了,为了省下家里取暖的钱给自己交学费,他必须到附近的铁路去拾煤渣。霍克的行为受到了贫民区里其他孩子家长的称赞,那些家长也拿他为榜样教育自己的孩子要向他学习,自食其力。但霍克却因此遭到那些孩子的嫉恨。

有一伙孩子常埋伏在霍克从铁路回家的路上袭击他,以此报复。他们常把他的煤渣撒遍街上,使他回家时受到责备,他只能默默地流泪。这样,霍克总是或多或少地生活在恐惧和自卑的状态中。

终于有一天,老师看到霍克脸上的伤,问起原因,霍克哭着说了经过。老师问道:"你觉得自己错了吗?"霍克马上坚定地回答:"不,我没有错。"老师又说:"那么,这种事情必须结束。霍克,你有力气拾煤渣就应该有力气反击他们,记住:要为你坚持的东西而勇敢。"

第二天,在霍克拾完煤渣往回走的路上,看见三个人影在一个房子的后面飞奔。他最初的想法是转身跑开,但很快他记起了老师的话,于是他把煤桶握得更紧,一直大步向前走去,犹如他是一个凯旋的英雄。

接下来便是一场恶战,三个男孩一起冲向霍克。霍克丢开铁桶,勇敢地迎上去,拼尽全力挥动双拳进行抵抗,使得这三个恃强凌弱的孩子大吃一惊。霍克用右拳猛击到一个孩子的鼻子上,左拳又猛击他的腹部,这个孩子便转身溜走了。这使得霍克精神一振,更加奋勇地反抗另外两个孩子对他进行的拳打脚踢。他用腿绊倒了一个孩子,再冲上去用膝部猛击他,而且发疯似的连击他的腹部和下颚。现在只剩下一个孩子了,他是领袖,他突然袭击霍克的头部。霍克站稳脚跟,把他拖到一边,毫不畏惧地对他怒目而视,在霍克的目光下,那个孩子一点一点地向后退,然后飞快地溜跑了。霍克从煤桶里抓起一块煤投向那个退却者,这也许是在表示他正义的愤慨。

直到这时霍克才知道,他这一次的流血和伤痛是最值得的,因为他克服了恐惧。他知道帮他赢得胜利的不是他的拳头,而是他渴望捍卫自尊的心。从那一刻起,他坚定他要"为坚持的东西而勇敢",他要改变他的世界。

自尊就是个人的尊严,是每个人都应该具有的。但并不是每个人都要像霍克那样用拳头和石头来捍卫它。真正懂得维护自尊的人也能给别人应有的尊重,从而赢得更多人的尊重,甚至可能改变一个人的整个生活。

有这样一个关于尊严的真实故事:某日富商闲来无事,就到大街上散步,刚走出不远,他看到前面有一个衣衫褴褛的铅笔推销员正满脸堆笑地向他走来,眼神里充满了渴望。富商见此,怜悯之情油然而生,毫不犹豫地将一元钱丢进推销员的怀中,就缓步走开了。他以为他这样做能听到一句感谢的话,回头看时正遇上推销员那毫不领情的眼神,他才忽然觉得这样做不妥,就连忙返回,很抱歉地对推销员解释说:"对不起,我刚才忘了拿笔,希望你不要介意。"说着便从笔筒里取出几支铅笔,最后又说:"我们都是商人,都不能做赔钱的买卖。你有东西要卖,而且上面有标价,我照价付给了你钱,我也要拿走我买的东西。"

这件事富商并没有放在心上,他只是觉得对任何人都应该尊重,不管他自己是否需要。

几个月过后,富商出席一个商业活动,作为公众人物,许多人都与他寒暄。快到中午用餐时,他身边的人不那么多了,这时一位穿着整齐的年轻人迎上前来,用充满感激的目光注视着他。富商感到很纳闷,但一时也想不起来这人是谁,此时年轻人说话了:"您早就不记得我了吧？我也是才知道您的名字,但不管您是一个名人还是一个普通人,我永远忘不了您。我是数月前那个铅笔推销员,当时您的举动给了我足够的尊严。在此之前,我一直觉得自己像个乞丐,一个推销铅笔的乞丐,不配得到任何人的尊重。因为很多的人都只给我钱,并没有拿走一件商品,他们都认为我是一个乞讨者,直到您走过来并告诉我,说我是一个商人为止。您虽然拿走了一元钱的商品,但却为我重新找到了尊严。您的话使我重新树立了自信,我立志要成为一个真正的商人,今天我做到了。谢谢您!"

没想到简简单单的一句话,竟使得一个处境窘迫的人重新树立了自信心,并且通过自己的努力终于取得了可喜的成绩。

一个人应该拥有自尊,但他更应该给别人以同自己一样的尊敬之情。只要一个人的内心是和善的,心灵是美好的,他一定是一个懂得自尊并尊重他人的人。

第四章

让他觉得想法是自己的

提出建议,然后让他自己去想出结论,他会获得自尊心的满足。因为没有人喜欢被强迫遵照命令行事,人们宁愿觉得想法是自己的,一切出于自愿。

01　让他说出你的观点

在天才的每一项创作和发明之中,我们都看到了我们过去放弃的想法;这些想法再呈现在我们面前的时候,就显得相当的伟大。

——卡耐基　《人性的弱点》

德华·豪斯上校,在威尔逊总统执政期间,在国内及国际事务上有极大的影响力。威尔逊对豪斯上校的秘密咨询及意见的依赖程度,远超过对自己内阁的依赖。

豪斯上校利用什么方法来影响总统的呢?

豪斯说,认识总统之后他发现,要改变总统看法的最佳办法,就是把这种新观念很自然地建立在他的脑海中,使他发生兴趣——使他自己经常想到它。第一次这种方法奏效,纯粹是一个意外。有一次豪斯到白宫拜访总统,催促他执行一项政策,而他显然对这项政策不表赞成。但几天以后,在餐桌上,豪斯惊讶地听见总统把他的建议当作他自己的建议说出来。豪斯没有打断他说这不是你的主意,而是我的。他不愿追求荣誉,他只要成果,所以他让威尔逊继续认为那是他自己的想法。豪斯甚至更进一步,他使威尔逊获得这些建议的公开荣誉。

我们每天所要接触的人,就像威尔逊一样,都具有人性的弱点。因此,让我们学会使用豪斯的技巧吧。

几年以前,一个在新布仑兹维克的人,在一位名叫格尔的顾客身上应用了这项技巧,从而使格尔照顾了他的生意。那时,格尔计划到新布仑兹维克去钓鱼及划独木舟,于是写信给观光局,向他们索取资料。格尔立刻就收到了各个露营区及乡道所寄来的无数信件、小册子以及宣传单,被弄得头昏脑涨无所适从,不知道选哪一个好。有家营区的主人做了一件很聪明的事,把他曾经服务过的几个纽约人的姓名和电话号码寄给格尔,并

● 第四章　让他觉得想法是自己的

请他打电话给他们,让格尔自己去发现他究竟有什么好条件。

格尔很惊讶地发现,名单上竟有他所认识的一个人。于是打电话给他,询问他的看法,然后格尔立刻打电话把抵达的日期通知了那家营区。

其他人想向格尔强迫推销,但另外一个人却让格尔把自己推销出去,自然就获得了成功。

谁都希望改变别人的思想,而同时又希望不被他人的观点左右,于是我们在矛盾中与人谨慎地接触。其实,影响他人最好的办法就是让他说出你的观点。

02　让他觉得想法是自己的

如果你想影响他人,让他人接受你的思想方式,最好的办法就是让他人觉得这个想法是他自己的。

——卡耐基 《人性的弱点》

一位 X 光机器制造商,把他的设备卖给了布鲁克林一家最大的医院。那家医院正在扩建,准备成立全美国最好的 X 光科。怀特负责 X 光科,整天受到推销员的包围。他们一味地歌颂、赞美他们自己的机器设备。

然而,有一位名叫希尔的制造商,他却更具技巧,他比其他人更懂得对付人性的弱点。

希尔写信告诉怀特医生,说自己所在的工厂最近完成了一套新型的 X 光设备的生产任务。这套设备的第一部分刚刚运到办公室来,它并非十全十美,所以需要改进。

因此,他邀请怀特能抽空来看看它,并提出自己的宝贵意见,使它能改进得对这一行业有更多的帮助。并说他可以在指定的任何时候,派车子接送。

怀特收到那封信感觉很惊讶,又觉得受到很大的恭维。以前从没有任何一位 X 光制造商向他请教,这使他觉得自己很重要。那个星期,他每天晚上都很忙,他还是推掉了一个晚餐约会,以便去看看那套设备。结果,他看得越仔细,越发觉自己十分喜欢它。

没有人试图把它推销给怀特,但怀特觉得,为医院买下那套设备,完全是自己的主意,因为其优越的品质,于是就把它订购下来。希尔获得了成功。

让别人觉得办法或想法是他(她)想出来的,不只可以运用于商场和

第四章 让他觉得想法是自己的

政坛上,也同样可以运用于家庭生活之中。俄克拉荷马州吐萨市的保罗·戴维斯的家庭就是这样。

他们准备享受一次最有意思的观光旅行。保罗以前早就梦想着要去看看诸如盖蒂斯堡的内战战场、费城的独立厅等历史古迹,以及美国的首都,法吉谷、詹姆斯台以及威廉士堡保留下来的殖民时代的村庄,也列在他想造访的名单上。

在三月里,他的夫人南茵提到她有一个夏天度假计划,包括游览西部各州,以及看看新墨西哥、亚利桑那州、加州以及内华达州的观光胜地。她想去这些地方游玩已经有好几年了。但是很明显的,大家不能既照保罗的想法又照南茵的计划去旅行。

而他们的女儿安妮刚刚在初中读完了美国历史,对于在美国发生的各种事件都极感兴趣。父亲便问她是否愿意在度假的时候,去看看她在课本上读到的那些地方,她说她非常喜欢。

两天以后,他们一家人围坐在餐桌旁。南茵宣布说,如果大家都同意,在夏天度假的时候将去东部各州。她还说这趟旅行不但对安妮很有意义,对大家来说,也是一件令人兴奋的事。

当我们有了一个巧妙的主意时,为何不让对方自己说出来,而不使对

53

方认为是我们想到的？如此,他就会认为是他自己的主意,他会很喜欢。

达曼是位电话技师,他无法使他3岁的女儿吃早餐。平常那套责骂、请求、诱哄的方式都没有用,因此他和妻子就反问自己其中的原因,并想办法让她吃早餐。

这个小女孩喜欢模仿她母亲,喜欢感到自己已经长大成人。因此,有一天早晨,他们把她放在一张椅子上,让她做早餐。正在这紧要的一刻,做父亲的走进厨房,而她正在搅动早餐食物,她兴奋地告诉她爸爸说自己做了早餐。

这天早上,她在没有任何诱哄之下,吃了两碗麦片,因为她对麦片产生兴趣了。她得到了一种重要人物的感觉,她发现做早餐是一种自我表现的方法。

这正如威廉·温特尔所说：自我表现是人类天性中最主要的因素。

我们应当时刻关心他人,尤其是当人遇到挫折的时候。只有这样,你才可以得到别人的尊敬,成为他们真正的朋友。

每个人对于自己脑海中的想法,比别人提出的更有信心。提出建议,然后让他自己去想出结论,才是更明智的做法！

费城的亚夫·塞咨先生突然发现他必须对一群沮丧、散漫的汽车推销员灌输热忱。他召开了一次销售会议,鼓励他们,并希望他们对他提出各种要求。他会在员工们说话的同时,把他们的想法写在黑板上。然后,他说,他会把大家要求的这些全部给大家。现在他要大家告诉他,他有权利得到的东西,这就是：忠厚、诚实、进取、团结,每天热诚地工作八小时。会议在新的气氛、新的启示中结束。自此以后,销售量上升得十分可观。

塞咨先生说,这等于做了一次道义上的交易。只要每个人各自遵守条约,向他们探询他们的希望和愿望,就等于在他们手臂上打了他们最需要的一针。

快乐与人分享,就会多一份快乐；痛苦与人分担,就会少一份痛苦。我们需要与人沟通。

03　巧妙地改变别人的想法

当我们有一个很好的想法时,也不要急于去证明它的正确性。如果可以低调地将它融入别人的观点中并提出来,收到的效果要好于急切的争论。

——卡耐基　《人性的弱点》

改变别人的想法最大的一个障碍就是攻克对方的心理防线,消除对方由于对你的诚意表示怀疑而产生的戒备。否则,这道防线将像一堵墙,使你说的话说不到他的心里去,甚至使他产生反感。

北卡罗来纳州王山市的凯塞琳·亚尔佛德是一家纺纱工厂的工业工程督导,她很会处理一些敏感的问题。

她的一部分职责是设计及保持各种激励员工的办法和标准,以使作业员能够生产出更多的纱线,从而使他们能赚到更多的钱。在只生产两三种不同纱线的时候,所用的办法还很不错,但是最近公司扩大产品项目和生产量,以便生产12种以上不同种类的纱线,原来的办法便不能以作业员的工作量而给予他们合理的报酬,因此也就不能激励他们增加生产量。凯塞琳已经设计出一个新的办法,能够根据每一个作业员在任何一段时间里所生产出来纱线的等级,给予他适当的报酬。

设计出这套新办法之后,她参加了一个会议,决心要向厂里的高级职员证明这个办法是正确的。凯塞琳说,他们过去用的办法是错误的,并指出他们不能给予作业员公平待遇的地方,以及她为他们所准备的解决办法。但是,这却导致了严重的失败。她只是忙于为新办法辩护,而没有留下余地,让他们能够不失面子地承认老办法的错误,于是这个建议也就胎死腹中了。

后来,凯塞琳认真思考了其中的原因,并请求再次召开一次会议。而在这一次会议之中,她请其他人说出问题到底出在什么地方。然后讨论每一要点,并请他们说出最好的解决办法。在适当的时候,她以低调的建议引导他们按照自己的意思把办法提出来。等到会议结束的时候,实际上也就等于是自己的办法提出来了,而他们也热烈地接受这个办法。

凯塞琳成功地提出了她的建议。这成功并不是来自于她急切的争辩,而是在于她将这些想法巧妙地变成了别人的想法。

保险推销员原一平有一位客户,只愿意投保一份小额的保险,而不愿意投保一份大额保险。于是原一平就给他讲了一个故事:

在很久很久以前,有三个旅行者在沙漠之中行走,忽然之间,从上空传来了这样的声音:"停下来吧,走下你们的骆驼,在地上拾起一些石块,然后继续走你们的旅程。"

三个人虽然很疑惑,但仍照着指示去做,那声音继续说:"在天亮的时候,你们三个人,既会高兴,又会后悔。"在天亮时,他们把手伸进口袋取出石块,发现那些石块已经变成钻石了,他们真是又高兴又后悔,高兴的是石头变成钻石,后悔的是没有多拿一点。

人寿保险就是这样,当您和您的家人在需要它的时候,您家人会既高兴又后悔,高兴的是买了保险,后悔的是没有多买一点保险。

最后问:"先生,您要选择做哪一种人呢?"

客户当然选择买更大额的保险了。

第四章 让他觉得想法是自己的

在与人的交流中,如果你能洞悉他的内心,巧妙地刺激对方的隐衷,使他内心的想法完全暴露出来,那么你就能采取巧妙的方法来让他自己改变其想法。

社会是一个共同体,在这个共同体中,每一个人都不可能孤立。作为生活在社会中的人,应当时刻对自己周围的人们表现出的热情。

第五章
巧妙地表达自己的观点

　　如果你认为有些人的话不对——不错,就算你确定他说错了——你最好还是这样讲:"啊,是这样的,我有另外一个想法,但也许不对。假如我错了的话,希望你们帮我纠正。让我们共同来讨论一下这件事。"这样,你就能赢得别人的谅解。

01　间接地传达自己的观点

> 对那些对直接的批评会非常愤怒的人，间接地让他们去面对自己的错误，会有非常神奇的效果。
>
> ——卡耐基 《人性的弱点》

罗得岛温沙克的玛姬·杰各太太使一群懒惰的建筑工人，在帮她加盖房子之后把周围清理得非常干净。

最初几天，杰各太太下班回家之后，发现满院子都是锯木屑子。她没有去跟工人们抗议，因为他们的工程做得很好。等工人走了之后，她和孩子们把这些碎木块捡起来，并整整齐齐地堆放在屋角。次日早晨，她把领班叫到旁边告诉他,她很高兴昨天晚上草地上这么干净,又没有冒犯到邻居。从那天起,工人每天都把木屑捡起来并堆好放在一边,领班也每天都来看看草地的状况。

在后备军人和正规军训练人员之间,最大的不同就是理发。后备军人认为他们是老百姓,因此非常痛恨把他们的头发剪短。

美国陆军第五百四十二分校的士官长哈雷·凯塞,当他带了一群后备军官时,他要求自己解决这个问题。跟以前正规军的士官长一样,他可以向他的部队吼几声或威胁他们,但他不想直接说他要说的话。

他对他们讲,作为领导者,必须为追随你的人做榜样。应该了解军队对理发的规定,还说他自己今天也要去理发,虽然他的头发比某些人的头发要短得多了。他让大家对着镜子看看,如果要做个榜样,是不是需要理发了,他会为大家安排时间到营区理发部理发。

结果是可以预料的,有几个人自愿到镜子前看了看,然后下午就开始按规定理发。次晨,凯塞士官长讲评时说,他已经可以看到,在队伍中有些人已具备了领导者的气质。

正如我们所了解的,坚持己见,虽然能让你觉得自己的立场很坚定,但唯独得不到别人的认可。间接地让人接受我们的观点,往往好过对别人不同观点的直接批评。

02　多用建议少用命令

用请教或建议的方法让别人完成一件事,会比用命令收到的效果更好。

——卡耐基　《人性的弱点》

许多人都希望别人能接受自己的提议,按照自己所希望的方式去做出某些行为。但是,他们却忘了,他人也有自己的想法,也想按照自己的主观意愿去做事，而不是盲目地接受别人的指令和命令。很多时候，即使自己做错了，人们也不希望别人直接批评自己，或说三道四。

把自己的想法转换成一个问题，请别人来回答，让自己想说的话从对方的嘴里说出来，既能达到自己的目的，又能让对方觉得自己受到重视，从而更加认可和支持你。

在南非的约翰内斯堡有一家小工厂，有一次，经理迈克收到了一张非常大的订单。虽然他觉得按照往常的生产能力，不可能在规定日期内完成这个订单，但他还是接受了。

他并没有催工人们为了这张订单赶紧干活，只是把大家叫到一起，开了一个小会。他告诉他们实际情况，并说明了完成这个订单对工厂和工人们的意义。然后，提出了这样一些问题：

我们需要用什么样的办法来完成这张订单？

有谁可以提出其他的办法？

我们的工作时间和工作程序怎样分配才能更趋于合理？

……

工人们都觉得这是自己的事情，对接受这个订单予以肯定，还提出了许多建议。最终，他们如期完成了订单。

迈克正是巧妙地利用了工人们的心理，每个人都愿意做自己的事情，迈克"请教"工人们他们"自己的事情"应该怎样做。实际上，这样做便不露痕迹地下达了命令。

使用提建议的方式表达自己的想法，是一种柔和迂回的做法，更容易让别人接受。在人际交往中，这是一种非常有效的方法，不但能达到让别人接受你的想法的目的，还会增进你们之间的感情，使你们双方建立融洽的关系。

生活中有很多复杂的人，他们会做戏，能哭能笑，让你无法感受他的真情实感，于是我们开始了谨慎的交际。

03　委婉地表达自己的观点

> 用"建议"，而不用下"命令"，不但能维持对方的自尊，而且能使对方乐意改正错误，并与你合作。
> 　　　　　　　　　　　——卡耐基　《人性的弱点》

离杰克家不远的地方有一个森林公园，他经常到那去散步、骑马。他非常热爱大自然，喜欢这种野外的环境。

公园的一角立着一块公告牌，上面写着：凡引发火灾者将重罚或拘禁。目的是提醒人们注意防火。然而，由于这块公告牌的位置较为偏僻，到公园里玩耍的孩子们很少看到。他们经常到公园里野炊，但野炊后常常忘了将火种完全熄灭，因而经常引发局部火灾，造成很多灌木都被烧毁。负责公园安全巡逻的是一位骑士，但他不尽职责，导致火灾时有发生。于是杰克就当起了义务的巡逻员，一有空闲就到公园里去提醒人们注意防火。

有一次，他看见一群孩子又在一棵大树下野炊，就走过去对他们说自己是公园的巡逻员，警告他们不要在此野炊，否则引发火灾将会受到重罚

甚至拘禁。他还吓唬孩子们,要将他们送到警察局接受处理。结果孩子们表面服从了,但当杰克离开后,他们又重新将火生起来,并且生得更大更旺,这样火灾还是不可避免地频繁发生。

后来,杰克参加了卡耐基先生的人际关系培训班。他终于认识到自己的这种做法是不科学的,不但不能解决问题,还会激化孩子们的反感情绪,于是他决定换一种方式去跟孩子们说。

当他再次遇到孩子们在公园里野炊的时候,他非常亲切地对他们说:"小朋友,你们玩得很开心吧?准备做什么饭呀?当我还是一个孩子的时候也喜欢和其他小朋友一起出去野炊,这的确很有意思。但你们也知道,公园里树木很多,生火是很危险的。我知道你们是好孩子,不会引发火灾,但别的孩子就不同了,他们看见你们生火,他们也会这么做,但他们回家之前常常不把火扑灭,结果就会引发火灾,烧毁树木,这样公园以后就不好玩了。并且他们还可能受到警察的处罚,甚至被拘禁。因此你们生火一定要注意安全,尽量在空地上生,走的时候别忘记把火扑灭,用土盖住灰烬,这样就不会引起火灾,你们也能玩得更开心,是不是?"

他的这一番话让孩子们非常惊讶,原来的"凶叔叔"现在怎么变得这么亲切了?他们非常高兴,表示以后一定不会在树下生火了,并且走的时候一定会把火全部扑灭,甚至还邀请杰克与他们一起野炊。

美国最著名的传记作家伊达·塔贝尔小姐在为欧文·扬写传记的时候,访问了与扬先生在同一间办公室工作了三年的一个人。这人宣称,在那段时间内,他从未听见过欧文·扬向任何人下过一次直接的命令。他总是建议,而不是命令。例如,欧文·扬从来不说"做这个或做那个",或是"不要做这个,不要做那个"。他总是说,"你可以考虑这个",或"你认为,这样做可以吗?"他在口授一封信之后,经常说,"你认为这封信如何?"

在检查某位助手所写的信时,他总是建议"也许把这句话改成这样,会比较好一点"。他总是给人自己动手的机会,他从不告诉他的助手如何做事,他让他们自己去做,让他们从自己的错误中学习成功的经验。

这种方法,使人们易于改正他的错误,而且维护了人们的自尊,使他感到自己很重要,使他希望与你合作,而不反抗你。

无论在商业、工作、学习或是生活等各种场合,我们都应当宽宏大量,与人为善,设身处地地为他人着想,这样才能赢得别人的尊重。顾及他人的情绪,才能赢得更多的友谊。

04 换一种方式做事

如果一个人的心里对你已经满怀恶意和冲突,你搬出各家各派的逻辑学,也没法使他信服。

——卡耐基 《人性的弱点》

挑剔的父母、盛气凌人的上司和丈夫以及唠叨的太太们都要了解,人们不喜欢改变自己的看法,他们不可能被强迫或被威胁而同意你我的观点,但他们会愿意接受我们和蔼而友善的开导。批评所引起的愤恨,常常会降低员工、家人以及朋友的士气和情感,而所指责的状况仍然没有获得改善。

俄克拉荷马州恩尼德市的佳顿是一家工程公司的安全协调员。他的职责之一是监督在工地工作的员工戴上安全帽。

以前他一碰到没有戴安全帽的人,就官腔官调地告诉他们,必须遵守公司的规定。员工虽然接受了他的建议,却满肚子不高兴,常常在他离开以后,又把安全帽拿下来。

后来,他决定采取另一种方式。下一次他发现有人不戴安全帽的时候,他就问他们是不是安全帽戴起来不舒服,或者有什么不适合的地方。然后他用令人愉快的声调提醒他们,戴安全帽的目的是在保护他们不受到伤害,所以建议他们工作的时候一定要戴安全帽。结果是遵守规定戴安全帽的人越来越多,而且没有造成愤恨或情绪上的不满。

你所拥有的财富是你付出的心血和艰辛的劳动换来的。同样,你所拥有的良好的人际关系也是你付出真诚与友善换来的。懂得珍惜财富,也应懂得珍惜情谊。

得克萨斯州一所职业中学的学生违章停车挡住了学校的校门,使其他车辆无法正常出入。一位教师跑进教室,态度凶悍地喊道:"是谁将车停在了校门口堵塞交通?"一位学生站出来说是自己,那位老师又吼道:"你马上把车挪走,否则我就派人将车拖走!"说完转身就走了。

这位老师的态度引起了全班同学的反感,甚至愤怒。从那天起,全班同学都对这位老师怀有怨言。在做一些事情的时候,总是带着反抗情绪,结果给这位老师的工作增添了不少麻烦。

其实,这是生活中一件很普通的事,这位老师完全可以换一种表达方式。他可以问大家:"哪位同学把车停在学校门口了,麻烦移开一下,校门口来往的车辆比较多,这样很容易造成拥堵。以后尽量把车停在校园里,既安全,又避免了不必要的麻烦。"这样,同学们一定会非常乐意接受,而那位违章停车的同学甚至还会为自己的不当行为深感愧疚。

指正错误的方式有很多种,但温和的方式总比强硬的方式好。如果你想与别人建立良好的关系,想赢得别人的合作,就要了解对方的需求、愿望和想法。然后通过适当的方式,使你的观点变成对方的观点,让对方自愿做出某些行为,而不是被你要求,甚至强迫着去做。

第六章
承认自己也有错

　　任何愚蠢的人都会试图为自己的错误进行辩护,而且多数愚蠢的人都会这样去做。应该承认自己的错误,使人出众,并给人一种高尚尊贵的感觉。

卡耐基有效沟通经典全集

01　承认"我也许不对"

> 只有先深入到自己的内心,先发现自己身上存在的缺点,然后再指出他人的错误和不足,才能使别人心悦诚服地接受。
> ——卡耐基 《人性的优点》

不论你用什么方式指责别人,如用一个眼神,一种说话的声调,一个手势,等等,你以为他会同意你的观点吗?绝不会!因为你直接打击了他的智慧、判断力、荣耀和自尊心。这反而会使他想着反击你,绝不会使他改变主意。即使你搬出柏拉图或康德所有的逻辑,也改变不了他的己见,因为你伤了他的感情。与人交谈时,永远不要这样开场:"好,我证明给你看。"

这句话大错特错,这等于是说自己比他更聪明。要告诉他一些事,使他改变看法。那是一种挑战,那样会起战争,在你尚未开始之前,对方已经准备迎战了。即使在最温和的情况下,要改变别人的主意也不是一件容易的事情,为什么要采取更激烈的方式使其更不容易呢?

为什么要增加你自己的困难呢?如果你要证明什么,不要让任何人看出来。这就需要运用技巧,使对方察觉不出来。必须用若无其事的方式教导别人,提醒他不知道的事情好像是他忘记的。

400多年以前,意大利天文学家伽利略说:你不可能教会一个人任何事情,你只能帮助他自己学会这件事情。

19世纪英国政治家查士德·裴尔爵士对他的儿子所说的是:如果可能,要比别人聪明,却不要告诉人家你比他聪明。

苏格拉底在雅典一再地告诫门徒:我只知道一件事,就是我一无所知。

我们不能奢望比苏格拉底更高明,因此我们不要再告诉别人他们错

第六章　承认自己也有错

了。应该慎重地看待别人的错误,这么做会大有收获。

如果有人说了一句你认为错误的话,你如果先肯定:是这样的!再提出另有一种想法,但也许不对。不过自己也常常会弄错,如果弄错了,自己很愿意被纠正过来,然后再具体来看看问题所在。

用这种句子"我也许不对,我常常会弄错,我们来看看问题的所在"。确实会得到神奇的效果。

无论什么场合,没有人会反对你说:"我也许不对,我们来看看问题所在。"

哈尔德是道奇汽车在蒙塔纳州比林斯的代理商,他就运用了这个办法。他说销售汽车这个行业压力很大,因此他在处理顾客的抱怨时,常常冷酷无情。于是造成了许多冲突,使生意减少,还产生了种种不愉快。

当了解这种情形并没有好处后,他就尝试另一种方法。他会承认自己确实犯了不少错误,这个办法的确能够使顾客解除武装。而等到顾客气消了之后,他通常就会再讲道理,事情就容易解决了。很多顾客还因为他这种谅解的态度而向他致谢,其中两位还介绍他们的朋友来买新车子。在这种竞争激烈的商场上,代理商需要更多的这一类顾客。哈尔德相信对顾客的所有意见表示尊重,并且以灵活礼貌的方式加以处理,就会有助于胜利。

你承认自己也许会弄错,就绝不会惹上麻烦。这样做,不但会避免不必要的争执,而且可以使对方跟你一样的宽宏大度,承认他也可能弄错。

如果你肯定弄错了,并率直地告诉他,结果会如何?

施先生是一位年轻的纽约律师,在最高法庭内参加一个重要案子的辩论,案子牵涉了一大笔钱和一项重要的法律问题。

在辩论中,一位最高法院的法官对施先生说,海事法追诉期限是六年。施先生停顿住,看了法官一眼,然后率直地告诉这位法官,海事法没有追诉期限。

庭内顿时静默下来,气温似乎一下就降到冰点。施先生是对的,法官是错的,施先生也据实地告诉了他。施先生仍然相信法律站在自己这一边,他也知道他讲得比过去都精彩,但因为没有使用外交辞令。这样,他便铸成大错:当着众人指出一位声望卓著、学识丰富的人错了。

没有几个人具有逻辑性的思考。我们多数人都犯有武断、偏见的毛病;我们多数人都具有固执、嫉妒、恐惧和傲慢的缺点。

主动承认自己的错误,是一种高尚的美德,也是化解矛盾的重要手段,我们又何乐而不为呢?

当错误产生时,要正确对待。这样不仅有益于人生,更可以化解人与人之间因错误而产生的矛盾。告诉别人,你也可能不对,他们会理解,更会接受。

即使是要改正子女的错误,也必须先承认自己的错误,然后共同改正,才能真正起到长辈的榜样作用。

克劳伦斯因看到他15岁的儿子正在试着抽烟,十分懊恼。然而许多次的劝阻都是徒劳,因为克劳伦斯夫妇都是烟民,他们一直以来都没有给儿子做出很好的榜样。尽管他用了各种方法劝儿子戒烟,警告他抽烟的害处,但并没有收到很好的效果。

后来,克劳伦斯决定与儿子进行一次谈话,这次谈话。他改变了从前的方法,也没有再讲到从前所说的那些危害。他只是告诉儿子他如何迷上抽烟和此后的影响。他对儿子讲,他在15岁开始抽烟,而尼古丁战胜了他,使他现在几乎不可能不抽了,并提醒儿子,他现在咳嗽得厉害。

那次谈话不仅使克劳伦斯的儿子停止了对吸烟的尝试,而且,在家人的帮助下,克劳伦斯自己也成功地戒了烟。

一个人最不了解自己,往往只能看到自己的所有和别人的所缺。发现自己的缺点与发现自己的优点同样重要。

02　批评别人前先想想自己

如果你能确信自己的判断有55%是对的，便可以到华尔街去发财。如果你不能确定自己的判断是否有55%是对的，又怎么能指责别人常常犯错呢？

——卡耐基 《人性的弱点》

谁也没有权利去做或说任何事以贬抑一个人的自尊，伤害别人的自尊是一种罪行。人很容易在对人和待己上采取不同的标准，所以在批评别人之前要先想想自己，看看自己是否有错误，否则你就没有资格去批评别人。

约瑟芬离开堪萨斯市的老家，到纽约担任秘书的工作时，已年满19岁。高中毕业已经3年，但做事经验几乎等于零。现在，她已是西半球最完美的秘书之一。而她的成功与她的第一个老板有着密不可分的关系。

在刚刚开始工作的时候，她的身上还存在许多不足。一天，她的老板——一位年纪很大的企业家，正想开始批评她，但马上又对自己说：等一等，你的年纪比约瑟芬大了一倍多，你的生活经验几乎是她的一万倍。你怎么可能希望她有与你一样的观点？你的判断力，你的冲劲——虽然这些都是很平凡的。还有，你19岁时又在干什么呢？还记得你那些愚蠢的错误和举动吗？

诚实而公正地把这些事情仔细想过一遍之后，这位老板获得结论，约瑟芬19岁时的行为比他当年好多了，而且他很惭愧地承认，他并没有经常称赞约瑟芬。

从那次以后，当他想指出约瑟芬的错误时，总是告诉自己：约瑟芬犯了错误，但上帝知道，他自己所犯的许多错误比她更糟糕。人当然不能天生就万事精通，成功只有从经验中才能获得，而且约瑟芬比自己年轻时强多了。自己曾做过那么多的愚蠢傻事,所以他根本不想批评她或任何人。约瑟芬也很愿意接受老板的批评,并且,从此以后他们建立了良好的关系。

人非圣贤,孰能无过?有道德修养的人不在于不犯错误,而在于有过能改,不再犯同样的错误。与人相处的时候,不求全责备;检查约束自己的时候,也许还不如别人。要求别人怎么做的时候,应该首先问一下自己能否做到。推己及人,严于律己,宽以待人,才能团结别人,共同做好工作。一味地苛求别人,就什么事情都做不好。

乔治·罗纳在维也纳当了多年律师,但是在第二次世界大战期间,他逃到瑞典,一文不名,很需要找份工作。因为他能说并能写好几国文字,所以希望能够在一家进出口公司找到一份秘书工作。绝大多数公司都回信告诉他,因为正在打仗,他们不需要这一类的人。

不过有一个人在给乔治·罗纳的回信上说:"你对我生意的了解完全错误。你既蠢又笨,我根本不需要任何替我写信的秘书。即使我需要,也不会请你,因为你甚至连瑞典文也写不好,信里全是错字。"

乔治·罗纳刚开始看到这封信的时候很是生气。于是他决定写一封信,想进行反驳,责骂这个人的无知与无理,目的是想使那个人大发脾气。但接着他就停下来对自己说:"等一等,我怎么知道这个人说的是不是对的?我学过瑞典文,可是它并不是我的母语,也许我确实犯了很多我并不知道的错误。如果是这样的话,那么我想要得到一份工作,就必须再努力学习。这个人可能帮了我一个大忙,虽然他本意并非如此。他用这种难听的话来表达他的意见,并不表示我就不亏欠他,所以应该写封信给他,在信上感谢他一番。"

于是乔治·罗纳撕掉了他刚刚写好的那封骂人的信,另外写了一封信说:"你这样不嫌麻烦地写信给我实在是太好了,尤其是你并不需要一个替你写信的秘书。对于我把贵公司的业务弄错的事我觉得非常抱歉,我之所以写信给你,是因为我向别人打听,而别人介绍说你是这一行的领导人物。我并不知道我的信上有很多文法上的错误,我觉得很惭愧,也很难过。我打算更努力地去学习瑞典文,以改正我的错误,谢谢你帮助我走上改进之路。"

没几天,乔治·罗纳就收到那个人的回信,请罗纳去见他。

罗纳去了,而且得到了一份工作。

每一件事情的发生都是有原因的,当你认为别人是错误的时候,或许只是你自己在用一种错误的眼光看待别人。谦虚一点,每个人都会犯错误,不要时常抱着批评别人的心态,多认识一下自己的错误。当你认真考虑别人的行事方法时,你也许会学到许多处理事情更好的方法。

实事求是是一种非常难能可贵的品质。但是,与人谈话的语言也要合理地表达,这样更容易让人接受。

03　人人都有可能出错

假使我们是对的,别人绝对是错的,我们也会因让别人丢脸而毁了他的自我。谁也没有权利去做或说任何事以贬抑一个人的自尊,伤害人的自尊是一种罪行。

——卡耐基 《人性的弱点》

轻易地责怪别人,只能令对方感到厌烦而疏远你。这样,也会使你自身的人格魅力受到损害。

做过教师的人都会有这样一个经验,就是千万不要随便责怪孩子。因为孩子处于特殊的年龄阶段,心理上比较叛逆,只能从正面教育。如果轻易责怪他,他就会跟你对着干,反而更不利于对他的教育。

其实,对于成年人来讲也是如此。亨利是一家公司的总裁,他也批评员工,但从不轻易责怪他们。而且,他的批评非常具有艺术性。

有一回,亨利的秘书在处理一项文件的时候出现了一些错误,但亨利并没有责怪她,而是用了一种非常温和的方法处理了这件事。他告诉秘书，她处理的不算十分正确，此外，还有更好的处理方式。然后，又把正确的方式讲了一遍。秘书的脸一下子就红了，但心里却如释重负。她自己也没有想到，亨利居然没有责怪她。

　　人人都有可能出错，而对一个人的批评是正确的，有时也是必要的，但批评应该讲究策略与方法。责怪是批评的最拙劣的方式，这会让人在情绪上很难接受。有一位文艺批评家讲，批评也是一种艺术。我们在批评的时候，应当讲究这种艺术的方式，千万不要随意责怪别人。

　　有一对年轻情侣，他们在一起相处时间不长，对各自的性格也不十分了解，但是他们却很相爱。这位女孩家庭条件很好，从小娇生惯养，难免有些大小姐脾气，她总是喜欢自作主张，根本不在乎男朋友的感受，而且还不容男朋友反驳。这样的情况已经发生了很多次，每次都弄得男孩很尴尬，又没法辩解。

　　按理说，男孩应该很生气，至少应该指出女孩的错误，但是男孩并没

第六章 承认自己也有错

有这样做,而是宽容了女孩的行为。每次发生这样的事男孩总是主动承担责任,并向女孩说声对不起,希望她能原谅。女孩的数次无理之后,发现男孩并没有生气还主动承担责任,意识到了自己的错误,在一次矛盾中,女孩在男孩的宽容下居然主动承认了自己的错误,觉得是自己不对。矛盾化解了,两人也更加恩爱了。

正是男孩容忍女孩错误的宽广胸襟,让两人的爱情得到了升华。

人人都有犯错的时候,所以,无论对于任何人,都应该有一颗宽容的心,能够容忍别人的错误。要避免自己成为一个心胸狭窄的人,那样的人肯定不受欢迎,也交不到朋友。

第七章

批评的艺术

给别人留面子,这是多么重要啊!我们中很少有人能静心地想想这个问题!我们随意蹂躏别人的感情,为所欲为,纠错恐吓,当着别人的面批评孩子或员工,毫不顾虑对别人自尊的伤害!然而,几分钟的思考,一两句体恤的话,一点对对方态度的真实了解,对于缓和这种刺痛,真的很有帮助!

01 懂得如何保住别人的面子

> 有时即使我们是对的,别人是错的,如果让他过于丢面子的话,只能会让事情变得更糟。
>
> ——卡耐基 《人性的弱点》

人经常会把自己的面子看得比什么都重要,即使他明明知道自己错了,但在众人面前也要"死扛"面子,其实,这就是人的自尊心使然。所以,不论什么场合,不要与别人据理力争,哪怕你有一万个理由可以证明你是对的,也不要不顾一切地批驳对方,非要让对手心服口服,那样,他会感觉自尊受到伤害。人人都爱面子,你给他面子就等于是给了他一份厚礼。

几年以前,通用电器公司面临一项需要慎重处理的工作:免除查尔斯·史坦恩梅兹担任的某一部门的主管职务。史坦恩梅兹在电器方面有超常的天赋,但担任计算部门主管时却遭到彻底的失败。不过,公司却不敢冒犯他,公司绝对少不了他——而他又十分敏感。于是他们给了他一个新头衔,让他担任"通用电器公司顾问工程师"——工作还是和以前一样,只是换了一个新头衔——并让其他人担任部门主管。

对于这一调动,史坦恩梅兹十分高兴。

通用电器公司的高级人员也很高兴。他们已温和地调动了这位最暴躁的大牌明星职员的工作,而且他们的做法并没有引起一场大风暴,因为他们让他保住了面子。

保住别人的面子,这是非常重要的问题,而我们中却很少有人想到或做到这一点。我们残酷地抹杀他人的感觉,又自以为是;我们在其他人面前批评一位小孩或员工,找差错,发出威胁,甚至不去考虑是否伤害到别人的自尊。然而,一两分钟的思考,一两句体谅的话,对他人的态度能够

第七章 批评的艺术

宽容的了解,都可以减少对别人的伤害。

一个事业有成的人,绝不可能性格孤僻,杜绝与人沟通和交流。交往中的一切必须依赖人与人之间的互相沟通与交流。假如我们是对的,别人绝对是错的,我们也会因为让别人丢脸而毁了他的自我。

传奇性的法国飞行先锋和作家安托安娜·德·圣苏荷依写过:"我没有权利去做或说任何事以贬抑一个人的自尊。重要的并不是我觉得他怎么样,而是他觉得他自己如何,伤害他人的自尊是一种罪行。"

世界上任何一位真正伟大的人,绝不浪费时间满足于他个人的胜利。举一个例子来说明:

1922年,土耳其在经过几世纪的敌对之后,终于决定把希腊人逐出土耳其领土。

穆斯塔法·凯墨尔,对他的士兵发表了一篇拿破仑式的演说,他说:"你们的目的地是地中海。"于是近代史上最惨烈的一场战争终于展开了。最后土耳其获胜;而当希腊两位将领——的黎科皮斯和迪欧尼斯前往凯墨尔总部投降时,土耳其人对他们击败的敌人加以辱骂。

但凯墨尔丝毫没有显出胜利的骄傲。

"请坐,两位先生,"他握住他们的手说,"你们一定走累了。"然后,在讨论了投降的细节之后,他安慰他们失败的痛苦。他以军人对军人的口气说:"战争这种东西,最佳的人有时也会打败仗。"

当一个人已经做出一定的许诺——宣布一种坚定的立场或观点后,由于自尊的缘故,便很难改变自己的立场或观点,此时你若想说服他,就必须顾全他的面子,为对方铺台阶,如说一些对对方有利的话。

"在那种情况下,任何人都想不到。"

"当然,我理解你为什么会这样想,因为当时你并不清楚事情的经过。"

"最初,我也这样想的,但后来我了解到全部情况,我就知道自己错了。"

一家百货公司的一位顾客,要求退回一件外衣。她已经把衣服带回

81

家并且穿过了，只是她丈夫不喜欢。她解释说"绝没穿过"，并要求退换。

售货员检查了外衣，发现有明显干洗过的痕迹。但是，直截了当地向顾客说明这一点，顾客是绝不会轻易承认的，因为她已经说过"绝没穿过"，而且精心地伪装过。这样，双方可能会发生争执。于是，机敏的售货员说："我很想知道是否你们家的某位成员把这件衣服错送到干洗店去。我记得不久前我也发生过一件同样的事情。我把一件刚买的衣服和其他衣服堆在一起，结果我丈夫没注意，把那件新衣服和一大堆脏衣服一股脑儿塞进了洗衣机。我怀疑你是否也会遇到这种事情——因为这件衣服的确看得出已经被洗过的痕迹。不信的话。你可以跟其他衣服比一比。"

顾客看了看证据——知道无可辩驳，而售货员又已经为她的错误准备好了借口，给了她一个台阶下。于是，她顺水推舟，乖乖地收起衣服走了。

这应该是每个说服者都懂得的——让人们保全他们自己的面子。

一旦发现他人出现错误，我们很多人往往首先想到的就是如何批评，使之改正。事实上，与批评相比，鼓励似乎更容易使人改正错误，并且更易让对方去做你所期望的事情。所以，当他人出现错误时，你首先应该考虑一下，是否非得批评不可，应该怎样批评？如果可能的话，要尽量采取鼓励的方式，这样一方面可以达到让对方知错改错的目的，同时也不影响你们之间的关系。

你要是跟你的孩子、伴侣、雇员说他或她做某件事显得很笨，很没有天分，那你就做错了，这等于毁了他所有求进步的心。但如果你用相反的方法，宽宏地鼓励他，使事情看起来很容易做到，让他知道，你对他做这件事的能力有信心，他的才能还没有完全发挥，这样他就会练习到黎明，以求自我超越。

那么，到底怎样才能创造亲密的合作关系呢？那就是向你的同事表示尊重与同情，并肯定他们个人的价值。

大部分成功的人都通过实践证实，要维护他人的自尊，绝非一两次的表态可以奏效，它是由许多次日常接触所形成的一种过程。

第七章 批评的艺术

弗雷德·薛佛在纽约人寿保险公司工作,寿险是个与纺织完全不同的行业,不过他知道有些原则是完全一致的。在保险业中,对业务员的日常关切是最重要的。因为在保险业里,业务人员就等于是公司本身。业务员如果业绩不佳,不久就连公司都将无立足之地,事情就是如此直截了当。

多年前,薛佛曾任职于一家国际保险公司麦卡比公司。当公司迁入一座新大楼后,跟以前不同的是这大楼中还有几家其他的公司。薛佛希望在搬迁之后,原来所维持的重要的个人接触并不因迁移而遭到疏忽。所以,他到新大楼上班的第一天,第一件事就是走到安全人员台前。薛佛回忆当时的情景:"当时有十来位安全人员,我请他们都围拢来,结果发现他们除了知道我们公司的名称之外,连我们从事保险业都不清楚。于是我对他们说:'各位!我们在底特律市有几位很重要的业务代表,如果你们发现来的人是业务代表,我们一定得给予最隆重的欢迎,我是说尽量让他觉得备受重视,如此便得劳驾你们亲自送他上七楼找到他所要会见的人,也请你们一定要配合帮忙。'后来我听到一些业务代表谈起他们来到这栋大楼所受到的礼遇,他们都感到很高兴。"

所有的这些小动作加起来就是一个很重要的整体结果,那就是:人们会对自己觉得很满意。员工只要相信公司关心他们、了解他们的需要、维护他们的自尊,就会以努力工作达成公司目标作为回应。

每一个人都有着他的自尊心,如果你对他所说的话能够表示同意,这就是尊重他的意见,他在无形中把自己抬高了,而这抬高他的人便是你,自然他对你是十分高兴的,他愿意和你做朋友。反过来,你不能对他表示同意,这显然是你站在和他敌对的地位,你是他的敌人而不是友人,他能不和你为难吗?所以在说话的时候,这一点是我们应该加以注意的。你想做成什么事,一定要让别人保住面子。

02　替他人想一想

> 如果你想改变人们的看法,而不伤害感情或引起憎恨,那么就请试着诚实地从他人的观点来看事情。
>
> ——卡耐基　《人性的弱点》

有时候,一句神奇的话语,就可以阻止争执,除去不良的感觉,创造良好的意志,并能使别人注意倾听。

如果你也想拥有这样的才能,请这样开始:我一点也不怪你有这种感觉,如果我是你,毫无疑问的,我的想法也会跟你的一样。

这样的一段话,会使脾气最坏的老顽固软化下来,而且你说这话时,要有百分之百的诚意。因为如果你真的是那个人,当然你的感觉就会完全和他一样。

这就好像,你不是响尾蛇的唯一原因是你的父母并不是响尾蛇。你不去亲吻一只牛,也不认为蛇是神圣的唯一原因,是因为你并不出生在恒河河岸的印度家庭里。

一位心理学家找来了两个 10 岁的孩子,安迪是一家公司老板的独生子,而汤姆则是一个贫穷工人的孩子,并且在家里的三个孩子当中,他是最大的一个。

心理学家拿出一幅画,画上是一只小白兔坐在餐桌旁边哭,餐桌上放着一个盘子,兔妈妈则板着面孔站在一旁。心理学家让两个孩子根据自己的想法,解释画面的意思。

汤姆先说:"小兔子可能没有吃饱,但家里已经没有食物了,兔妈妈也很难过。""不是这样的,"安迪接着说,"小兔子不是没有吃饱,而是已经吃饱不想再吃了,但它妈妈还要它吃,所以它很不高兴。"

同样的一幅画,但在两个家庭背景和生活经历完全不同的孩子眼里,

第七章 批评的艺术

居然存在如此大的差别。猛然看来你会感到非常惊讶,但认真地想一下,也在情理之中。每个人都有自己的生活背景与成长经历,因此观念和习惯是不相同的。同一件事从不同的角度看,会有不同的认识,这就是所谓的"仁者见仁,智者见智"。当然,这并不是说谁对谁错,而是因为角度不同,所以结论也就有所差别。在人际交往中,这个道理同样适用。

美国著名心理学家吉拉德·奈伦在其《与人交往》一书中这样写道:"在你与别人交往的过程中,假如能十分关注对方的言行和感受,尝试着站到对方的位置去考虑问题,便可赢得对方的合作。所以,你应该先听对方表明他的想法和需求,然后再采取适当的方式发表自己的意见。"

有人问和平运动者马丁·路德·金,为何如此崇拜美国当时官阶最高的黑人军官丹尼尔·詹姆士将军,金博士的回答是,他判断别人是根据他们的原则来判断,不是根据他自己的原则。

同样的,在美国南北战争的时候,罗勃·李将军有一次在南部联邦总统杰弗逊·戴维斯面前,以极为赞誉的语气谈到他属下的一位军官。在场的另一位军官大为惊讶,因为李将军刚才大为赞扬的那位军官,可是李将军的死敌,这个人一有机会就会恶毒地攻击李将军。而李将军则认为,总统问的是自己对他的看法,不是问那位军官对自己的看法。

85

在个人问题变得极为严重的时候，从别人的观点来看事情，也可以减缓紧张的气氛。人们往往愿意站在自己的立场上思考问题，如果我们意识到这一点，并同他人站在一起，那么，人与人之间的关系就不会那么紧张了。

澳大利亚南威尔斯的朱迪过了六个星期还没有付出买汽车的分期付款。一个星期五，负责朱迪买车子分期付款账户的一名男子打电话给她，不客气地说，如果在星期一早晨朱迪还没有缴出122元钱，他们公司就会采取进一步行动。而朱迪没有办法在周末筹到钱，因此在星期一一大早接到他的电话时，朱迪听到的就没有什么好话了。但是她并没有发脾气，她以他的观点来看这件事情。她真诚地抱歉，给汽车公司带来了很多的麻烦，而且由于这并不是她第一次过期未付款，她认为她一定是令他最头痛的顾客。但公司的那个人举出好几个例子，说明好些顾客有时候极为不讲理，有的时候满口谎言，更常有的是躲避他，根本不跟他见面。这时，朱迪就一句话不说，让他吐出心里的不快。然后根本不需要她请求，他说就算不能立刻付出所欠的款额也没有关系。如果她在月底先付给他20元，然后在方便的时候再把剩下的欠款付给他，也没有问题。

也许有一天，当你请求某个人把烟熄掉，或请求他买你的产品，或请他捐出50元给红十字会之前，为什么不先闭上眼睛，试着从别人的观点仔细想一想整件事呢？这并不需要你花费很多时间，而且这能使你结交到朋友，得到更好的结果——减少摩擦和困难。

人与人之间的关系没有必要那么紧张，当然，也没有必要去排斥他人的观点。立场不同，观点也会各异。

如果你能真诚地替他人想一想，多替他人考虑，不仅能为自己减少很多不必要的麻烦，避免某些矛盾的发生，而且还能不断地发展和完善自己的人际关系，加快自身的前进脚步。

03 多一些宽容，少一些责备

无用而令人心痛的批评是婚姻幸福的阻碍。不要时时处处批评对方，这样不但无法让他(她)改变，反而还会伤害彼此的感情。如果对方确实有错，就请委婉地提出，真诚地帮助，以情感人，他(她)一定会在意你的付出。

——卡耐基 《人性的弱点》

人非圣贤，孰能无过。我们不能去要求他人没有缺点，不犯错误，要学会原谅他人的错误。交往贵在真诚，容忍他人的错误是一种美德，你能真诚地容忍他人的错误，他人自然也会真诚地容忍你可能犯的错误。

即使是令人生畏的铁腕政治家，在生活中，也是十分注重家庭和睦的。因为这才是他们铁腕力量的坚强后盾。

格莱斯特是英国著名的政治家，曾任尊贵的首相，他与爱妻共同幸福生活了59年。虽然他在公众面前形象可畏，但他在家中从未批评过人。

早晨，他下楼用餐时，看到家人还在睡觉，就用一种温柔的方式表示责备。他提高嗓门使屋中充满了神秘的声音，提醒家人，全英国最忙的人正在一个早晨独自守候。他既体恤家人，又极富外交手段，并且尽力避免家庭中的责备。

凯瑟琳曾统治世界上一个最大的帝国，她拥有对数百万国民的生杀之权。她是一个残忍的暴君，发动毫无正义的战争，还曾将10个仇人判了死刑。但是，在家里她却十分温和，如果厨师将肉烤焦，她不会责备，而是微笑着吃下去。

没有人愿意受到别人的责备，尤其是不怀好意的责骂，这种无端的责骂只会引起对方的反感。同样，当你责备对方时，对方一定会变本加厉地回报你，双方你来我往，很可能演变为激烈的冲突，从而造成无法收拾的局面。

卡耐基有效沟通经典全集

只有心胸宽阔、豁达友善的人，才能容忍别人的缺点和错误，才能与不同性格、不同层次的人建立良好的关系，才能得到别人的信任、支持和帮助。

"我从未遇见过一个我不喜欢的人。"威尔·罗吉士说。这位幽默大师能说出这么一句话，大概是因为很少有不喜欢他的人。罗吉士年轻时有过这样一件事，可为凭证。

1898年冬天，罗吉士继承了一个牧场。有一天，他养的一头牛，因冲破附近农家的篱笆去啃食嫩玉米，被农夫杀死了。按照牧场规矩，农夫应该通知罗吉士，说明原因。但农夫没这样做。罗吉士知道了这件事情后，非常生气，便叫一名佣工陪他骑马去和农夫论理。

他们在半路上遇到寒流，人、马身上都挂满冰霜，两人差点冻僵了，抵达木屋的时候，农夫不在家。农夫的妻子热情地邀请两位客人进去烤火，等她丈夫回来。罗吉士在烤火时，看见那女人消瘦憔悴，也发现5个躲在桌椅后面对他窥探的孩子们都瘦得像猴儿。

农夫回来了，妻子告诉他罗吉士和佣工是冒着狂风严寒来的。罗吉士刚要开口跟农夫理论，忽然决定不说了。他伸出了手，农夫不晓得罗吉士的来意，便和他握手，留他们吃晚饭。"二位只好吃些豆子，"他抱歉地说，"因为刚刚在宰牛，忽然起了风，没能宰好。"盛情难却，两人便留下了。

第七章 批评的艺术

在吃饭的时候，佣工一直等待罗吉士开口讲杀牛的事，但是罗吉士只跟这家人说说笑笑。而几个孩子一听说从明天起几个星期都有牛肉吃，便高兴得眼睛发亮。

饭后，朔风仍在怒号，主人夫妇一定要两位客人住下。两人于是又在那里过夜。因为农夫的热情招待，罗吉士居然跟他成了朋友。

第二天早上，两人喝了黑咖啡，吃了热豆子和面包，肚子饱饱地上路了。罗吉士与农夫约定下次再来拜访他，罗吉士对此行的来意依然闭口不提。佣工很疑惑地问："我还以为你为了那头牛大兴问罪之师呢。"

罗吉士半晌不作声，然后回答："我本来有这个念头，但是我后来又盘算了一下。你知道吗，我实际上并未白白失掉一头牛。我换到了一点人情味。世界上的牛何止千万，人情味却稀罕。"

一个人冒犯你或许会有某种值得同情的原因，罗吉士面对善良的农夫和他的妻子，彻底原谅了他们。在牛与人情味之间，罗吉士更珍视后者。

美国前总统林肯在组建自己的内阁时，为了实现优势互补，他任用了具有不同性格的官员：有勇敢果断、屡立战功的史太顿，有作风严谨、一丝不苟的修法华，有沉着冷静、善于思考的萨斯，还有坚定不移、不甘人后的康迈伦。如果换了别人，也许会全部选择自己容易驾驭的人。再者，如果没有林肯的宽容大度，如果不是林肯善于从中斡旋、舍己从人，那么这些人很可能各自为政。

有这样一个故事：有一次，柏林空军俱乐部设宴招待有名的空战英雄乌戴特将军，一名年轻的士兵被派去为将军斟酒。由于过于紧张，年轻的士兵不小心将酒洒到将军光秃秃的头上。那位士兵顿时吓得不知所措，僵直地立正，准备接受将军的责罚。人们也都被士兵的行为怔住了，一时间鸦雀无声。但是，乌戴特将军并没有勃然大怒，甚至没有表现出任何不高兴，他拿起手边的餐巾抹了抹头，然后幽默地说："老弟，你以为这种疗法很有效么？如果真有效，我倒要谢谢你。"在场的人都被他这句话给逗笑了，紧张的气氛一扫而光。

越是有作为的人,越是宽容友善;越是无所作为的人,越是心胸狭隘、斤斤计较。也正因如此,前者会越走越顺,而后者则越走越艰难。

容忍别人的缺点是尊重别人,同时,你将赢得别人的尊重。相反,轻易就责怪别人,只能招致厌恶。面对别人的缺点,要多一份容忍与理解。

04　委婉地批评

当面指责别人,只会造成对方顽强的反抗;而巧妙地暗示对方注意自己的错误,则会受到爱戴。

——卡耐基　《人性的弱点》

不该轻易地责怪任何人,轻易责怪别人是缺乏涵养的表现。一个深受别人尊敬的人,从来不会这样做。

安娜·马佐尼小姐是一位食品包装的市场行销专家,她的第一份工作是一项新产品的市场测试。她第一次工作,当结果回来时,她可真惨了。更糟的是,在下次开会提出这次计划的报告之前,她没有时间去跟她的老板讨论。

轮到她报告时,她真是怕得发抖。虽然她尽了全力不使自己精神崩溃,而且告诫自己绝不能哭,不能让那些以为女人太情绪化而无法担任行政业务的人找到借口。她的报告很简短,只说工作中发生了一个错误。但在下次会议前,会重新再研究。

她坐下后,心想老板定会批评她一顿。

但是,老板却说谢谢她的工作,并强调在一个新计划中犯错并不是很稀奇的。而且他有信心,第二次的普查会更确实,对公司更有意义。

散会之后,安娜思想纷乱,她下定决心,绝不再一次让老板失望。

安娜果真没有让老板失望,并且从这件事情上获得了巨大的信心,工作中也取得了十分优异的成果。

第七章 批评的艺术

有时,一个诚挚的祝福,一句贴心的话语,就能使濒临绝境的人从此看到一线希望,使两个本来要断交的人握手言欢。

查乐斯·史考伯有一次经过他的一家钢铁厂,当时是中午。他看到几个工人正在抽烟,而在他们头顶上正好有一个大招牌,上面写着"禁止吸烟"。史考伯没有指着那块牌子责问:"你们不识字吗?"他的做法是:他朝那些人走过去,递给每人一根雪茄,并建议他们到外面去抽,工人们立刻知道自己违反了公司规定。他对这事未说一句话,反而给他们每人一件小礼物,并使他们自己得到了尊重。

约翰·华纳梅克也使用了同一技巧。华纳梅克每天都到他在费城的大商店巡视一遍。有一次他看见一名女顾客站在柜台前等待,没有人对她稍加注意。那些售货员呢?他们在柜台远处的另一头挤成一堆,彼此又说又笑。华纳梅克不说一句话,他默默地钻到柜台后面,亲自招呼那位女顾客,然后把货品交给售货员包装,接着他就走开了。

这样的暗示,使售货员真正明白了自己的错误,并认真改正,但并没有使售货员们受到伤害。

一个人若锋芒毕露,不仅容易伤害别人,更容易给自己带来不必要的麻烦。我们不妨把锋芒暂时隐藏,和谐地与人相处。

91

05　不妨采用迂回之术

千万不要这样开场:"我要证明给你看。"这样做太糟糕了,这等于是向他人表明:"我比你聪明,我要使你改变看法。"

——卡耐基 《人性的弱点》

如果道路艰难,就要学会绕道而行。人际交往也同样如此,如果对方难以应付,就要多一些耐心和友善,软化他强硬的态度。

纽约电话公司曾遇到过一位十分难缠的顾客。他说他不会交电话费,因为他根本没有打多少电话,而电话公司却让他上交非常高的话费。他甚至还辱骂公司的代表,并威胁说要把电话线连根拔掉,还扬言要去法院告状。

电话公司被搞得没有办法。后来,派去一位调解员去处理这件事。

调解员找到了这位顾客,顾客一听是电话公司派来的,立刻暴跳如雷,又开始了他激烈的指责。调解员一直微笑着静静地听他在那发脾气,

第七章 批评的艺术

有时还会说句"是的",以表示同意。他也没有向顾客表明来意,只是等顾客发完火,说几句客气话就离开了。

第二次去,顾客的气还没消,又是一顿指责,调解员态度如故。这样,去了几次,每一次,他都以一副同情的神情耐心倾听。顾客的态度一次比一次好,调解员的做法显然起了作用。

又有一次,顾客居然开始发表他所想到的解决问题的办法。于是,调解员就微笑着询问顾客。顾客马上提出建立一个"电话用户协会"。调解员立刻表示赞同,并让顾客在协会成立的时候通知他。

调解员再次去的时候,"电话用户协会"已经成立。调解员立即要求加入,他的要求马上得到了顾客的许可,调解员顺利地加入了此协会。尽管这个协会形同虚设,因为只有那位顾客和调解员两个人。

这次,调解员开门见山地提出自己的目的。而顾客的态度也不再那么强硬,答应将他所欠的话费一次付清,同时撤回对电话公司的控告。

调解员顺利地完成了任务。

开门见山,也许可以把事情讲得明白而透彻,但却不容易触发人们的认同感,不太容易使人接受。其实这也正如行路,总会在转弯处发现风景。

在批评之后再予以称赞,这种迂回之术收到的效果往往会令人意想不到。

1909年,布洛亲王当时是德国的总理大臣,而德国皇帝则是威廉二世——德国的最后一位皇帝,他傲慢而自大——他建立了一支陆军和一支海军,并夸口可征服全世界。

接着,一件令人惊异的事情发生了。这位德国皇帝说了一些狂言和一些令人难以置信的话,震撼了整个欧洲大陆,引起了全世界各地一连串的风潮。更为糟糕的是,这位德国皇帝竟然公开这些愚蠢自大、荒谬无理的话。他在英国作客时,就这么说,同时允许伦敦的报纸刊登他所说的话。例如,他宣称,他是和英国友好的唯一德国人;他说,他建立一支海军对抗日本的威胁;他说,他独自一人挽救了英国,使英国免于臣服苏俄和法国之下;他说,由于他的策划,使得英国罗伯特爵士得以在南非打败波

93

尔人等。

在一百多年的和平时期中，从没有一位欧洲君主说过如此令人惊异的话。整个欧洲大陆立即愤怒起来，英国尤其愤怒，德国政治家惊恐万分。在这种狼狈的情况下，德国皇帝自己也慌了，并向身为德国总理大臣的布洛亲王建议，由他来承担一切的责难，希望布洛亲王宣布这全是他的责任，是他建议君王说出这些令人难以相信的话的。

对于这件事，布洛亲王直言几乎不可能，因为全德国和英国，没有人会相信他会建议皇帝说出这些话。

布洛话一说出口，皇帝就大为恼火，以为布洛在说他是一个蠢人，责备他只会做些愚蠢至极的事。

布洛尊敬地告诉皇帝他并不是这个意思，接着，就开始了他的赞扬。他说皇帝在许多方面都十分优秀，而且最重要的是在自然科学方面。在解释晴雨计，或是无线电报，或是伦琴射线的时候，所有人都会注意倾听，内心十分佩服。还说自己在这些方面觉得十分惭愧，对自然科学的每一门皆茫然无知，对物理学或化学毫无概念，甚至连解释最简单的自然现象的能力也没有。布洛又一转话题说，为了补偿这方面的缺点，他认真学习了某些历史知识，以及一些可能在政治上，特别是外交上有帮助的学识。

皇帝脸上露出微笑。布洛亲王赞扬他，并使自己显得谦卑，这已值得皇帝原谅一切。他热诚地告诉布洛亲王，两人互补长短，就可闻名于世。因此应该团结在一起。

他和布洛亲王握手后，他十分激动地握紧双拳说，如果任何人对他说布洛亲王的坏话，就会一拳头打在他的鼻子上。

如果只是说几句贬抑自己而赞扬对方的话，就能使一位傲慢孤僻的德国皇帝变成一位忠实的友人，那你就可想象得到，在我们日常事务中，谦卑和赞扬对你我的帮助将有多大。

如果运用得当，他们在做人处世中将可制造真正的奇迹。

别梦想着走那条最直、最近的路，不妨转几个弯，避开那些烦人的荆棘。与人谈话也是如此。

第八章

正视别人的批评

　　愚蠢的人受到一点点的批评就会发脾气,聪明的人却急于从这些责备他们、反对他们和在路上阻碍他们的人那里,学到更多的经验。

01　承认自己的错误

你要是知道有某人想要或准备责备你,就自己先把对方要责备你的话说出来,那他就拿你没有办法了。在这种情况下,十之八九他会以宽大、谅解的态度对待你,忽视你的错误。

——卡耐基　《人性的弱点》

每个人都不是圣人,都不可避免地会做一些蠢事。有一位名人曾说过:"我经常责怪别人,不过随着年龄的增长,我最后发现应该责怪的只有自己。"很多人会随着岁月的流逝,渐渐地认清了这一点。拿破仑被放逐到圣赫勒拿岛时说:"我的失败完全是咎由自取,不能怪罪别人。我的最大的敌人其实是我自己,这也是造成我今天不幸命运的根本原因。"

平凡的人往往因为他人的批评而愤怒,智慧的人却会从中受益。诗人惠特曼曾说:"别以为你只能向喜欢你、仰慕你、赞同你的人学习,从反对你、批评你的人那儿,你可能会得到更多的教益。"

费丁南·华伦是一位商业艺术家,他使用这个技巧,赢得了一位暴躁易怒的艺术品主顾的好印象。主顾认为,精确、一丝不苟是绘制商业广告和出版品的最重要项目。

工作中,有些艺术编辑要求他们立刻完成所交代下来的任务。在这种情形下,难免会发生一些小错误。其中一位艺术主顾总是喜欢从鸡蛋里挑骨头。华伦离开他的办公室时,总觉得心里不舒服,不是因为他的批评,而是因为他批评的方法。华伦刚刚交了一件很急的完稿给他,没过多久就又接到电话让他立刻到办公室去,说是出了问题。当华伦到他办公室之后,正如当初所料——麻烦来了。组长满怀敌意,终于有了挑剔的机会。在他恶意地责备华伦一顿之后,华伦便开始了自我批评,说自己一定不可原谅,工作这么多年,本应该知道怎么画的。而组长听到这些,却转

第八章 正视别人的批评

变了态度,开始了对他的辩护,说这并不是一个十分严重的错误。然后又开始赞扬他的作品,告诉他只需要稍微修改一点就行了。又说一个小错不会花他公司多少钱,毕竟,这只是小节,不值得担心。

华伦急切地批评自己,使他怒气全消。结果他们共进了晚餐,分手之前组长开给他一张支票,又交代他另一件工作。

一个人有勇气承认自己的错误,也可以获得某种程度的满足感。这不仅可以消除罪恶感和自我维护的气氛,而且有助于解决这项错误所制造的问题。

新墨西哥州阿布库克巾的哈威,错误地给一位请病假的员工发了全薪。在他发现这项错误之后,就告诉这位员工,必须纠正这项错误,他要在下次薪水支票中减去多付的薪水金额。

这位员工说这样做会给他带来严重的财务问题,因此请求分期扣回他多领的薪水。但这样做,哈威必须先获得他的上级的批准,他知道这样做一定会使老板大为不满。在他考虑如何以更好的方式来处理这种状况的时候，他知道这一切混乱都是他自己的错误，因此必须向老板承认。

哈威走进老板的办公室，告诉老板自己犯了一个错误，然后把整个情形告诉了他。老板大发脾气地说这应该是人事部门的错误，但哈威重复地说这是自己的错误；老板又大声地指责会计部门的疏忽，哈威又解释说这是自己的错误；老板又责怪哈威办公室的另外两个同事，但是哈威一再地说这是自己的错误。最后老板看着他，让他把问题解决掉。哈威把错误改正过来了，没有给任何人带来麻烦。自己也觉得很不错，因为能够处理一个紧张的状况，并且有勇气不寻找借口。自那以后，老板就更加看重他了。

被别人批评如果不能逃避，那么就只有欣然接受，并坦然面对。接受别人的批评，也是自己成长的一种需要。

要明白，听到别人谈论自己的缺点时急于辩护，并不能给你带来什么好处。你不妨聪明一点，也更谦虚一点，我们可以大方地说："如果让他知道我其他缺点，恐怕他还要批评得更厉害呢！"

一位推销员为了改善自己的工作，主动要求人家给他批评。他在刚开始为高露洁推销香皂时，接的订单很少，担心自己会失业，但他确信产品或价格都没有问题，所以问题一定是出在自己身上。他推销失败，会在街上边走边想究竟什么地方做得不对，是表达没有说服力？还是热情不够？有时他会重返回去，问那位商家："我不是回来卖给你香皂的，我希望能得到你的意见与指正。请你告诉我，我刚才什么地方做错了？你的经验比我丰富，事业又成功。请给我点指正，直言无妨，请不必保留，我会非常感谢。"这位推销员的态度，为他赢得了许多珍贵的忠告。后来，他升任高露洁公司总裁，这位推销员就是李特先生。

英国《泰晤士报》总编哈罗德·埃文斯曾经说过这样一段话："如果我千方百计地为某次失败寻找各种各样的解释，如果我觉得失败是有害的，我就会失去这种责任心。一旦失去了这种责任心，我就无法取信于人，甚至无法取信于自己。"

正如埃文斯所说,人人都应该怀有一种责任心,无论是对自己还是对他人。这种责任心驱使你勇于承认自己的错误,而不是千方百计地找借口掩盖错误。一旦力图找借口掩盖错误,就将失去周围所有人的信任,那时将会被孤立,被世界遗弃。

02 善于自我批评

我们应该欢迎一些批评,因为我们甚至不能希望我们做的事有四分之三正确的机会。

——卡耐基 《人性的弱点》

有一次,爱德华·史丹顿称林肯是"一个笨蛋"。史丹顿之所以生气,是因为林肯干涉了史丹顿的业务。由于为了要取悦一个很自私的政客,林肯签发了一项命令,调动了某些军队。

史丹顿不仅拒绝执行林肯的命令,而且大骂林肯签发这种命令是笨蛋的行为。然而当林肯听到史丹顿说的话之后,他很平静地说,如果史丹顿说自己是个笨蛋,那自己一定就是个笨蛋,因为他几乎从来没有出过错,还说要亲自过去看一看。

林肯果然去见了史丹顿,他知道自己签发了错误的命令,于是收回了成命。只要是诚意的批评,是以知识为根据而有建设性的批评,林肯都非常欢迎。

艾尔伯特·赫柏德说,每个人每一天至少有5分钟是一个很蠢的大笨蛋。所谓智慧,就是一个人如何不超过这5分钟的限制。

愚钝的人受到一点点的批评就会发起脾气来,聪明的人却急于从这些责备他们、反对他们和在路上阻碍他们的人那里学到更多的经验。美国著名诗人惠特曼这样说:"难道你的一切只是从那些羡慕你、对你好、常站在你身边的人那里得来的吗?从那些反对你、指责你或站在路上挡着

99

你的人那里,你学来的岂不是更多?"

不要等着我们的敌人来批评我们或我们的工作,我们要在这一点上胜过他们。我们要做自己最严格的批评者,我们要在敌人能有机会说什么以前就找出我们所有的弱点加以改正,这正是达尔文所做的。获得这样的认识,他花了15年时间。当达尔文完成他那本不朽巨著《进化论》的手稿时,他了解出版这本对生物的创造有革命性见解的书,会动摇整个知识界和宗教界,所以他做了他自己的批评者。他花了15年的时间来检查他的资料,研究他的理论,批评他的结论。这是为接受批评所做的充分准备。

接受批评有时是一种必要,我们会在别人的批评中不断地提高自己。接受它,心态也应是平和的。

03　没有人会踢一只死狗

　　如果你被人踢了，或者被别人恶意中伤，那么请记住，人们之所以这样做是因为这样能使他们有一种自以为重要的感觉。而这通常意味着你已经有所成就，值得别人关注。许多人在骂那些教育程度比他们高，或者在各方面比他们取得更多成就的人时，会有一种满足感。

——卡耐基《人性的优点》

　　有时候，一些指责是由于你的优秀而产生的，这出于他人的嫉妒，这对我们也是一种考验，并且是人生中最重要的一类考验，考验我们的态度是否正确、心智是否坚强。并且，这还是重要的学习和完善自我的机会，我们会因此而获得成长。所以我们要理智地对待。

　　1929年，美国发生了一件震动全国教育界的大事，美国各地的学者都赶到芝加哥看热闹。在几年之前，有个名叫罗勃·郝金斯的年轻人，半工半读地从耶鲁大学毕业，做过作家、伐木工人、家庭教师和售货员。现在，只经过了8年，他就被任命为全美国第四富有的大学——芝加哥大学的校长。刚30岁！真叫人难以相信。老一辈的教育人士都大摇其头，人们的批评就像山崩落石一样一齐打在这位"神童"的头上，说他这样，说他那样。说他太年轻了，经验不够，说他的教育观念很不成熟，甚至各大报纸也参加了攻击。

　　在罗勃·郝金斯就任的那一天，有一个朋友告诉他的父亲说，早上看见报上的社论攻击罗勃，真的很吓人。

　　郝金斯的父亲回答说，话虽说得很凶，可是请记住，从来没有人会踢一只死了的狗。

　　确实，这只狗越重要，踢它的人越能够感到满足。后来成为英国爱德华八世的温莎王子（即温莎公爵），他的屁股也被人狠狠地踢过，当时他在帝文夏的达特莫斯学院读书。

101

这个学院相当于美国安那波里市的海军军官学校。温莎王子那时候才14岁,有一天,一位海军军官发现他在哭,就问他有什么事情。他起先不肯说,后来终于说了真话,他被学校的学生踢了。指挥官把所有的学生召集起来,向他们解释王子并没有告状,可是他想知道这些人为什么要这样虐待温莎王子。

支吾了半天之后,这些学生终于承认说,等他们自己将来成了皇家海军的指挥官或舰长的时候,他们希望能够告诉人家,他们曾经踢过国王的屁股。

所以,你要是被人家踢了,或被别人恶意批评的话,请记住,他们之所以做这种事情,是因为这事能使那些人有一种自以为重要的感觉。这通常也就表示着你已经有所成就,而且值得别人注意。很多人在骂那些教育程度比他们高,或者在各方面比他们成功得多的人的时候,都会有一种满足的快感。

第八章　正视别人的批评

一次，威尔生接到一个女人的来信，痛骂创建救世军的威廉·布慈将军，因为他曾经在广播节目里赞扬布慈将军，所以这个女人写信给他，说布慈将军侵占了她募来救济穷人的 800 万美元捐款。这种指责当然非常荒谬，可是这个女人并不是想发现事情的真相，只是想打倒一个比她高的人，使自己得到满足。威尔生把她那封无聊的信丢进了废纸篓里，同时感谢上帝，好在没有娶她做妻子。从她那封信里，看不出布慈将军是什么样的人，可是却对她非常清楚了。

多年前，叔本华曾说过：庸俗的人在伟人的错误和愚行中，得到很大的快感。

大概很少有人会认为耶鲁大学的校长是一个庸俗的人，可是有一位担任过耶鲁大学校长的提摩太·道特，却显然以能够责骂一个竞选美国总统的人为乐。这位耶鲁大学的校长警告：

如果这个人当选了总统，我们就会看见妻子和女儿，成为合法卖淫的牺牲者。我们会大受羞辱，受到严重的损害。我们的自尊和德行都会消失殆尽，使人神共愤。

这几句话听来好像是在骂希特勒，不是的，这些话是在骂汤玛斯·杰弗逊。就是那个写独立宣言、创立民主政体的不朽的杰弗逊。

乔治·华盛顿也曾经被人家骂做"伪君子""人骗子"和"只比谋杀犯好一点点的人"。有张报纸上的漫画画着他站在断头台上，那把大刀正准备把他的头砍下来。在他骑马从街上走过的时候，一大群人围着他又叫又骂。

可是这些都是很久很久以前的事了，也许从那时候开始，人性已经有所改进。

不要因为别人的一些不愉快的话语产生挫败感。勇敢地接受它，并与那些人成为好朋友，你将终生受益。

第九章

永远不要与人发生正面冲突

你能否从辩论中得胜？不能，因为如果你辩论失败，你是失败了；如果你得胜，你还是失败了。为什么？假定你胜过对方，将他的理由攻击得满是漏洞，并证明他简直是神经错乱，那又能怎么样？你觉得很好，但他会怎么想？他会觉得他自己智力低弱，自尊心受伤害，他还会反感你的胜利。

01 绝不正面反对别人的意见

为什么一定要证明他是错的呢?那能使他喜欢你吗?为什么不给他留足面子?他没有征求你的意见,你为什么一定要跟他争辩?记住,永远都要避免与人发生正面冲突。

——卡耐基 《人性的弱点》

富兰克林是美国历史上最能干、最和善、最圆滑的外交家,而他年轻的时候却十分暴躁。

有一次,一位教友会的老朋友把他叫到一旁,尖刻地训斥了他一顿。在那位老朋友看来,他真是无可救药,他已经打击了每一位和他意见

第九章 永远不要与人发生正面冲突

不同的人。他的意见变得太珍贵了,使得没有人承受得起。他的朋友发觉,如果富兰克林不在场,大家会自在得多。他知道的太多了,没有人能再教他什么,也没有人打算告诉他些什么,因为那样会吃力不讨好,又弄得不愉快。因此他不可能再吸收新知识了,而他的旧知识又很有限。

富兰克林接受了那次惨痛的训斥。当时,他已经够成熟、够明智,以至于能领悟也能发觉他的正面冲突使社交失败的命运,他立即改掉傲慢、粗野的习性。

他立下了一条规矩,绝不正面反对别人的意见,也不准自己太武断。他甚至不准许自己在文字或语言上措辞太肯定。他不说"当然""无疑"等,而改用"我想""我假设"或"我想象",一件事该这样或那样,或者"目前在我看来是如此"。当别人陈述一件他不以为然的事时,他绝不立刻驳斥他,或立即指出他的错误。他会在回答的时候,表示在某些条件和情况下,他的意见没有错,但在目前这件事上,看来好像稍有不同等。他很快就领会到改变态度的收获,凡是他参与的谈话,气氛都融洽得多了。他以谦虚的态度来表达自己的意见,不但容易被接受,而且减少了一些冲突。他发现自己出现错误时,也没有什么难堪的场面,而他碰巧是对的时候,更能使对方不固执己见而赞同他。

他承认,在一开始采用这套方法时,确实觉得和他的本性相冲突。但久而久之,就愈变愈容易,成为习惯了。也许五十年以来,几乎没有人听他讲过一些什么太武断的话。他在正直品性支持下的这个习惯,是他在提出新法案或修改旧条文时,能得到同胞重视,并且在成为民众协会的一员后,能具有相当影响力的重要原因。因为他并不善于辞令,更谈不上雄辩,遣词用字也很迟疑,还会说错话。但一般说来,他的意见还是得到了广泛的支持。

偏见如同一道无形的鸿沟,横亘在人与人之间。要与人和谐相处,必须穿过鸿沟,消除偏见。

107

02　运用技巧保持自己的风度

> 指责别人只是剥夺了别人的自尊,并且使自己成为不受欢迎的人。如果你率直地指出某一个人不对,不但得不到好的效果,而且还会造成很大的损害。
>
> ——卡耐基　《人性的弱点》

克洛里是纽泰勒木材公司的推销员。他承认,多年来,他总是明白地指出那些脾气大的木材检验人员的错误。他虽然赢得了辩论,可是一点好处也没有。因为那些检验员和棒球裁判一样,一旦判决下去,绝不肯更改。

克洛里看到,他虽在口舌上获胜,却使公司损失了成千上万的金钱。因此,他决定改变技巧,不再与人争辩了。

有一天早上,他办公室的电话响了,一位焦躁愤怒的主顾在电话那头抱怨运去的一车木材完全不合乎他们的规格,他的公司已经下令车子停止卸货,请木材公司立刻安排把木材搬回去。在木材卸下大约1/4之后,他们的木材检验员报告说55%不合规格。在这种情况下,他们拒绝接受。

克洛里立刻动身到对方的工厂去。途中,一直在寻找一个解决问题的最佳办法。通常在那种情形下,他会以他的工作经验和知识,引用木材等级规则来说服那儿的检验员,那批木材超出了水准。然而,他决定换一种方法来解决问题。

他到了工厂,发现购料主任和检验员都闷闷不乐,一副等着抬杠吵架的姿态。克洛里走到卸货的卡车前,要求他们继续卸货,看看情形如何。他又请检验员继续把不合规格的木料挑出来,把合格的放到另一堆。

事情进行了一会儿,客户才知道,原来他的检查太严格,而且也把检

第九章　永远不要与人发生正面冲突

验规则弄拧了。那批木料是白松,虽然那位检验员对硬木的知识很丰富,但检验白松却不够格,经验也不多。白松碰巧是克洛里最内行的,但他并没有对检验员评定白松等级的方式提出反对意见。他继续观看,慢慢地开始问某些木料不合标准的理由何在,丝毫也没有暗示客户检查错了。克洛里认真地请教他,希望以后送货时,能确实满足他们公司的要求。

克洛里以一种非常友好而合作的语气请教客户,并且坚持要他把不满意的部分挑出来,使客户高兴起来,于是他们之间的剑拔弩张的情绪开始松弛消散了。偶尔克洛里小心地提问几句,让客户自己觉得有些不能接受的木料可能是合乎规格的,也使他觉得他的价格只能要求这种货色。但是,克洛里非常小心,不让他认为自己有意为难他。

渐渐地,客户的整个态度改变了。最后他坦白承认,他对白松木的经验不多,并且问克洛里一些从车上搬下来的白松板的问题。

克洛里对他解释为什么那些松板都合乎检验规格。如果他认为不合格,仍可以不收货。弄清楚了问题,错误是在客户自己没有指明他们所需要的等级。

最后的结果是,在克洛里走了之后,客户重新把卸下的木料检验一遍,全部接收了,于是克洛里的公司收到了一张全额支票。

运用一点小技巧,并尽量制止自己指出别人的错误,就可以使公司在实质上减少一大笔现金的损失。而所获得的良好关系,则非金钱所能衡量。

许多文学大师就非常懂得在别人的攻击和恶语相向时,保持风度的必要性。诗人歌德的作品,有一次被某位无知的德国批评家尖锐地指责,歌德当然不能示弱,于是也进行了反批评。结果使这位批评家对此耿耿于怀。

有一天,歌德在公园里散步。这条小路很窄,只能通过一个人。恰巧,那位批评家迎面走来。批评家冲歌德嚷道:"我向来没有给傻瓜让路的习惯。"歌德不慌不忙地让到一旁,笑容可掬地说:"而我恰恰相反。"这个批评家像斗败的公鸡一样,红着脸匆匆走了。

109

卡耐基有效沟通经典全集

　　无独有偶。有一天，一位年轻的学者去访问诗人海因里希·海涅。不知出于什么心理他想羞辱海涅。他明知道海涅是犹太人，便这样说道："你知道我为什么喜欢塔希提岛吗？"海涅说："不知道为什么，你说吧。"学者说："在那个岛上呀，既没有犹太人，也没有驴子！"海涅十分冷静地回答说："不过这种状态是可以改变的——要是我们一起到塔希提岛上去，那时的情形将会怎样呢？"这个学者顿时语塞无言，十分尴尬。
　　两位大师的谈吐很有技巧，既保持了自己的风度，又在无形之中反驳了攻击者，这就是一种含蓄。
　　宽容是一首动听的歌，同样也可以给歌者带来好心情。只有怀着一颗宽容的心，运用技巧恰当地处理问题，才能轻松、愉快地与人相处。

03　学会克制愤怒

当有人愤怒地挥舞着拳头表示不满或是出言不逊的时候,我们何不以平和的态度去平息它呢?虽然这需要高度的自制力,但总比最终的感情破裂要划得来。

——卡耐基　《人性的弱点》

威尔逊总统说:"如果你握着一双拳头来见我,我想,我的拳头会握得比你更紧。如果我们坐下来好好商量,看看彼此意见相异的原因是什么。我们就会发觉,彼此的距离并没有那么大,相异的观点也并不多,而且看法一致的观点反而很多。你也会发觉,只要我们有彼此沟通的耐心、诚意和愿望,我们就能沟通。"

处险而不惊,遇变而不怒。如果你不能及时控制并调整自己的情绪来适应办事的需要,那么在复杂的群体和环境中就没法办事。

你是否会动辄勃然大怒?你可能会认为发怒是生活的一部分,可你是否知道这种情绪根本就无济于事?也许,你会为自己的暴躁脾气辩护说:"人嘛,总会发火、生气的。"

尽管如此,愤怒这一习惯行为可能连你自己也不喜欢,更别说别人了。

纽约自由街的麦哈尼,专门经销石油业者使用的特殊工具,他接受了长岛一位重要主顾的一批订单。蓝图呈上去,得到了批准,工具开始制造了。接着,一件不幸的事情发生了,那位买主和朋友们谈起这件事,他们都警告他,说他犯了一个大错,他被骗了,一切都错了。太宽了,太短了,太这个,太那个。他的朋友们把他说得发了火,他打了一个电话给麦哈尼先生,发誓绝不接受已经开始制造的那一批器材。

麦哈尼立刻到长岛去见那位主顾,一走进他的办公室,他立刻跳起来，朝麦哈尼一个箭步走过来。他激动得很，一面说一面挥舞着拳头。

他指责那批器材是如何不合标准，结束的时候他问麦哈尼现在要怎么办。麦哈尼则非常心平气和地告诉他，愿意照他的任何意思去办。然后，麦哈尼又强调花钱买东西的人当然应该得到合用的东西，可是总得有人负责才行，并请客户提供一幅正确的制造蓝图。虽然旧案已经花了2000块钱，但麦哈尼答应负担这笔损失。同时，他又提醒客户，如果按照客户的做法，必须由客户负起这个责任，但如果放手让他们按照原定计划进行则可向客户保证绝对负责。这样，这位主顾平静下来了，照计划进行。结果没有错，于是答应订两批相似的货。

当那位主顾侮辱麦哈尼，在他面前挥舞着拳头，说他外行的时候，是麦哈尼高度的自制力使他克制了愤怒，而没有去争论以维护自己，但结果很值得。如果开始争辩起来，很可能要打一场官司，感情破裂，损失一笔钱，失去一位重要的主顾。这一切使麦哈尼深信，愤怒是解决不了任何问题的。

面对争执，我们要表现出一种淡定和从容，没有什么好计较与争执的。理亏的人，即使声音再大也不代表他是对的。当下次发生争执时，多用理智和成熟的态度去面对，但必须掌握一个原则——不与气盛之人争是非，否则就会两败俱伤。学会克制愤怒，自己就会多一分快乐，多一分平安。

《你的误区》的作者韦恩·戴埃说："你应对自己的情感负责。你的情感是随思想而产生的，那么，只要你愿意，便可以改变对任何事物的看法。首先，你应该想想：精神不快、情绪低沉或悲观痛苦到底有什么好处？而后，你可以认真分析导致这些消极情感的各种思想。"

在法国有这样一则故事：阿兰·马尔蒂是法国西南小城塔布的一名警察，一天晚上他身着便装来到市中心的一间烟草店门前。他准备到店里买包香烟。这时店门外一个叫埃里克的流浪汉向他讨烟抽。马尔蒂说他正要去买烟。埃里克认为马尔蒂买了烟后会给他一支。

当马尔蒂出来时，喝了不少酒的那个流浪汉缠着他要烟。马尔蒂不

给,于是两人发生了口角。随着互相谩骂和嘲讽的升级,两人情绪逐渐激动。马尔蒂掏出了警官证和手铐,说:"如果你不放老实点,我就给你一些颜色看。"埃里克反唇相讥:"你这个混蛋警察,看你能把我怎么样?"在言语的刺激下,二人扭打成一团。旁边的人赶紧将两人分开,劝他们不要为一支香烟而发那么大火。

被劝开后的流浪汉骂骂咧咧地向附近一条小路走去,他边走边喊:"臭警察,有本事你来抓我呀!"失去理智、愤怒不已的马尔蒂拔出枪,冲过去,朝埃里克连开4枪,埃里克倒在了血泊中……

法庭以"故意杀人罪"对马尔蒂作出判决,他将服刑30年。

一个人死了,一个人坐了牢,起因是一支香烟,罪魁祸首是愤怒的激动情绪。

要真正做到遇事不怒,需要在平时加强自我道德修养,培养良好的性格,保持乐观向上的精神等,这样才能够防"怒"于未然。

与其说是因为爱别人而表示平和且谦逊,不如说是为了尊敬自己。

懂得尊重他人，才能得到他人的尊重。

应当牢记的处世之道是，不论在与人交往过程中发生了什么不如意的事，都不要轻易发作，一旦你发作出来，无论对人对己，都不会有好结果，所以要学会克制自己的愤怒！也许这对绝大多数人来说并不是那么容易，但却有必要这样做，因为这是你处世成功的必要心理基础。

04 争论没有赢家

避免辩论同避免毒蛇及地震一样。十次中有九次，辩论结束之后，每个参加辩论的人，都比以前更坚信他是绝对正确的。

——卡耐基 《人性的弱点》

这个世界上总是有那些喋喋不休的人，他们感觉好像所有的人都在跟他们作对，他们总是无休止地与人争论。但是你会发现，真正聪明的人是根本不会理会这些人，只有那些性急的人，才会上当与之争论，使得自己的格调也随之降低，变得与这些喋喋不休的人一样没品位。

世界上只有一种方法能从争论中得到最大的利益——那就是停止争论。你永远不能从争论中取得胜利。如果你争论失败了，那你当然是失败了；如果你得胜了，你还是失败的。因为，就算你将他驳得体无完肤、一无是处那又怎样？你使他觉得脆弱无助，你伤害了他的自尊，他不会心悦诚服地承认你的胜利。所以，在争论中永远没有赢家。

充满智慧的富兰克林经常说："如果你辩论争强，你或许有时获得胜利，但这种胜利是得不偿失的，因为你永远无法得到对方的好感。"

所得税顾问华生，为了一笔关键性的 9000 块钱，跟一位政府的税务稽核员争论了一小时。华生解释说这 9000 块钱事实上是应收账款中的呆账，不可能收回来，所以，不该征收所得税。那位稽核员却坚持非征不可。

第九章　永远不要与人发生正面冲突

这位稽核员非常冷酷、傲慢，而且顽固，任何事情和理由都没有用……他们越争执，稽核员越顽固。所以，华生决定不再同他理论，开始改变话题吹捧他几句。

华生说这件事比起其他那些需要处理的重要而困难的事情，实在是不足挂齿的小事。他本人也研究过税务问题，但那是书上的死知识，而不像稽核员的知识全是来自实践工作的经验。有时自己真想有份像他这样的工作，那样他就会学到更多。华生说得很认真。

稽核员听了这些话，脸色逐渐变得和善。他在椅子上伸直身子，谈论起他的工作。他告诉华生，他发现过许多税务上的鬼花样。他的口气慢慢地友善起来，接着又谈起他的孩子。临告别的时候，他说要再研究研究华生的问题，过几天会通知他结果。

三天后，税务稽核员打电话到华生的办公室，通知他这笔所得税决定不征了。

这位税务稽核员表现了人性中最常见的弱点，他要的是一种重要人物的感觉。华生越和他争论，他越要高声强调职务上的权威。但一旦对方承认了他的权威，争论自然偃旗息鼓，有了扩张自我的机会，他就变成一位富于宽容和有同情心的人了。

每个人面对同一问题，会有不同的想法。每个人都想按自己的意志去解决，这是每个人的自尊心所决定的，往往根深蒂固，不易改变。争论于事无补，只能白白耗费时间和精力。

一个人除了自己要做到优秀以外，还要努力给他人一种好感，赢得他人的信赖与帮助，这样才会有更多的人喜欢与你交往。

争论给双方带来的只有心理上的浮躁，而没有丝毫的快乐。争论双方都会受到伤害，而且大多数的争论都只能使双方比以前更加坚信自己是绝对正确的。

美国总统威尔逊执政时的财政部长威廉·麦肯锡，他将多年政治生涯获得的经验，归结为一句话："靠争论不可能使无知的人服气。"

拿破仑的管家康斯坦常与拿破仑的妻子约瑟芬打台球。在他所著的

卡耐基有效沟通经典全集

《拿破仑私生活回忆录》中说:"我虽然球技比她好,但我总是让她赢我,这样她会非常高兴。"我们要从康斯坦那里学到一个教训。我们要使我们的客户、朋友、丈夫、妻子在偶然发生的不影响大局的讨论上胜过我们。

在一次宴会上,约瑟夫同他的朋友们有说有笑。他右边的一位先生讲了一个故事,在结尾的时候引用了一句话,并特意提到是《圣经》上说到的。

约瑟夫一听就知道错了,因为前些天他在翻阅莎士比亚作品的时候见到过这句话。于是,他立即纠正那位先生说,这句话出自莎士比亚的书。

那位先生也立刻反驳,说自己前两天特意翻过《圣经》的那一段。还说敢打赌自己说的是正确的,如果不信,还可以把那一段背出来让大家听听。

约瑟夫的左边坐着一位研究莎士比亚的专家维克多。约瑟夫想,他一定会帮助他赢得这场争论的。于是,他转向维克多,让他说说是不是莎士比亚说的这句话。其他人也都知道维克多对莎士比亚作品很熟悉,都让他讲个明白。

维克多盯着约瑟夫,说他搞错了,莎士比亚的著作上没有这句话,那位先生是正确的,这句话出自《圣经》。随即,约瑟夫感到维克多在桌下踢了自己一脚。他虽然不大明白,但出于礼貌,还是向右边那位先生道了歉。

宴会后,约瑟夫满腹疑问地埋怨维克多没有帮他说话。维克多一听笑了,他说他知道这句话出自李尔王第二幕第一场,然而参加宴会的那位客人也是一位有名的学者,为什么非要当众证明他是错的呢?

要想在工作、生活中做到不与人争论,就要做好以下两点:

首先,要保持自己的冷静,千万不可急躁。在生活中,遇到不公平的待遇,不去斤斤计较,并做到谦虚谨慎,这样就能与他人建立起良好的人际关系。

其次,可以采取"等距离外交"的办法。特别是在一些人事关系比较

第九章　永远不要与人发生正面冲突

复杂的单位里,不妨置身于各种矛盾的外围,除了在工作上认真负责,积极配合同事完成各种工作任务之外,要回避一些他人之间的个人矛盾纠纷。因为卷入任何个人之间争执的"小圈子",对自己有害无益,对工作和生活也都毫无意义。

人人都有渴望被尊重的需求,因此尊重对方,满足他的被尊重感,他们就找不到轻侮你的理由。尊重是信任的开始。

第十章

竞争与合作

这世界到处充满了机会,聪明的人懂得互相合作而不是彼此竞争,结果使自己和对方都获得最大利益。

01　善用竞争

一个人独立地在社会中生活,是不可能的。人与人之间的合作与竞争是我们社会生存和发展的动力。我们必须认识到这一点的重要性,并接受先人们的一些很有价值的观点。

——卡耐基　《人性的弱点》

哈维·怀尔史东——伟大的火石轮胎及橡胶公司的创始人。他认为,只是用薪水是留不住好员工的,工作本身的竞争才是最好的办法。

佛瑞德瑞克·侯兹柏——伟大的行为科学家,也同意这种说法。他深入研究了好几千名从工厂作业员到高级经理的人员的工作态度,他所发现的激励工作的最大因素并不是钞票、良好的工作环境、福利,真正激励人们工作的主要因素之一是工作本身。如果工作令人兴奋和有趣,负责工作的人就会渴望去做,而且努力把工作做好。

这就是所有的成功人士所喜爱的:竞争和自我表现的机会,证明他自己的价值,渴望超越别人,渴望有一种重要的感觉。

所以,如果你想使人们包括那些有精神、有勇气的人接受你的想法,请向他们提出挑战。

下面的分析将更有助于你理解合作与竞争。

人们需要合作,这里有两个方面的原因。首先,从客观方面说,人生的生存状态,就是以群体的方式实现的,绝对孤立的个体不可能实现人生。因为,人自身生存所需要的物质资料和精神资料,不可能完全由个人的活动来取得和满足。个人的体力、智力有限,所以必须在群体的活动和交往中得到发展。而且个人在生活中所遇到的困难、危机,也不可能完全靠自己的力量得到解决,必须得到他人或集体的协助、支持才能解决。所以,人必须相互依存、相互联系才能生存。人是作为关系而存在的,这是

第十章 竞争与合作

人生的现实状态。

其次,从主观方面说,人之为人是能够意识到群体的关系的。因此,应当在理智和情感上,自觉地、主动地去适应和促成必要的、有益的群体关系。所谓"合群",正是强调在认识客观存在的群体关系的基础上,自觉地、主动地去维护或促进群体的正常关系,使人生得到健康、顺利的发展。

客观方面所揭示的是人生的现实状态,主观方面所要求的就是"应该"。这就是说,人生不仅是群体的,而且应该是自觉地去过群体生活,应该能够合群且善于合群。人只有能合群、善于合群,才能积极维护和促进群体的生存和发展,同时也才能使个体更好地自立。这就是个人只有在群体中才能得到发展的道理。

人生的自立与合群,蕴含着积极的竞争与协作。竞争与协作,都是人生进取与事业成功的机制。

积极的竞争,也可以称作良性的竞争,是人类生长、完善和社会发展的普遍现象。不过在专制的、强制的社会制度和环境中,这种竞争机制得不到正常的、良性的发展,常常酿成嫉妒、诡计,甚至厮杀。而在比较自由、民主的制度和环境中,竞争能够得到正常的、良性的发展,在社会生活中普遍发生作用。其实,竞争最早是在英国普遍发展的,也是与竞赛作同义理解的,而且作这种理解的就是讲出"人对人是狼"的霍布斯。在他看来,竞争者为取得成功,奋力自强,以图与对方相匹敌或超过对方,就谓之竞赛。但这种竞赛如果加进自私的目的和手段,就会变为互相敌对和损人利己的争斗。由此,他提出保证个人生存权利的契约论和自然法,以约束个人的为所欲为。这就要求有为达到利己目的的履行契约的协作。

19世纪的英国空想社会主义者威廉·汤普逊,曾经从功利主义观点出发对历史上的竞争做过比较分析。他首先肯定谋求利益的动机,对劳动者来说是一时也不可缺少的推动力。

要充分发挥这种推动力的作用,就要使劳动者有条件发挥自己的能力。也就是说,要使劳动者得到自己的劳动成果,并因努力劳动而得到奖励。如果用强迫劳动和专制统治的办法压抑劳动者,那么无论在经济上还是在道德上，都将是对社会的危害和损失。因此，他肯定个人竞争制度比起强制制度与非自愿制度来，具有更多的优越性。但是，由于资本主义私有制中的利己主义支配，使竞争成为一种贪得无厌、损人利己、损公益私的手段，因此他试图寻求一种既能保持竞争的优越性，又能避免竞争所带来的弊端的制度。按照他的理想，实行这种竞争加合作的制度，就能实现个人利益与社会整体利益的结合。他的思想具有永久的魅力。

竞争是一条永恒的生存法则。人与人之间的关系最多的就是竞争，而合作则是在竞争中另外派生出的一种人际关系，但它却更引人关注。

02　耐心成就大事

> 要使人对你感兴趣，先激发那人的兴趣。问别人喜欢回答的问题，鼓励他谈论他自己及他的成就。
>
> ——卡耐基　《人性的弱点》

有不少人是世界上著名的谈判高手，他们谈判成功的诀窍之一就是具有很强的耐心，对许多问题绝不会立即作答。

有一次，日本一家航空公司就引进法国飞机的问题与法国的飞机制造厂商进行谈判。为了让日方了解产品的性能，法国方面做了大量的准备工作，各种资料一应俱全。谈判一开始，急于求成的法方代表口若悬河，滔滔不绝地进行讲解，翻译忙得满头大汗。日本人埋头做笔记，仔细聆听，一言不发。最后法方问日本人的意见，日本代表有礼貌地告诉法方他们不明白。法方代表十分焦急，再次询问，得到的答案还是"一切都不明白"。法方代表看到一切都要前功尽弃、付之东流了，沮丧地问日方的要求，日方提出让法方把全部资料再重新解释一遍。法方不得已，又重复一遍。这样反复几次的结果是日方把价格压到了最低点。日方抓住法方代表急于达成协议的弱点，以"不明白"为借口，施以拖延战术，迫使对方

第十章 竞争与合作

主动地把价格压下来了。

　　一项谈判往往需要通过长时间的努力才能达成。除了需要用谈判技巧外,还有更深一层的原因,就是用任何公平可行的时间去理解它,适应其中必然包含的新事物、新概念。当我们摒弃旧有的东西接受新鲜事物时,会有很大阻力,所以要最后接受新鲜事物,必须给别人充足的时间让他们去理解,这就需要有耐心。

　　没有耐心是办不成事的,更不用说办大事。在谈判中,具有耐心,善于使用拖延战术,将使你在谈判之中占据主动,然后在适当时机答应对方一项条件,则更容易达成协议。此外,我们还应该明白,了解自己,也了解别人,我们才能友好地与他人相处在一起,才能清楚地认识自身在谈判过程中面临的形势。

　　这实质上就是前人所说的"审时度势"。无论是在正式谈判的准备阶段,还是在谈判的实际过程当中;无论谈判是片刻见分晓,还是旷日持久;也无论谈判的内容是简单明了还是变幻莫测,作为一个谈判者都必须明确自己处在哪个位置,优势还是劣势,并且都到什么程度。

　　为此,必须学会从各个不同的层次、各种不同的角度来考察涉及谈判的全部内容和相关要素。

有些人无论与什么人相处，无论在什么样的环境中，都能表现得游刃有余，其原因就在于他能从别人的言行中捕捉到他们内心的变化。

03　竞争与协作

> 竞争是生物界和人类社会的一个普遍规律。积极的、良性的竞争是应当肯定的。
>
> ——卡耐基　《人性的弱点》

所谓竞争，就是充分发挥自己的才能，追求成功，并力求超过他人，成为先进者，这种竞争就是自立、自强。在正当的目的、手段和方式下的竞争，能使每个人的智慧、才能和人格得到充分的发展和表现，从而大大提高人生的效率，实现理想目标。因此，只有在竞争中自立、自强的个体所组成的群体，才能有整体的活力和创造力；没有竞争的个体所组成的群体，是缺乏生命力和创造力的。因此，竞争是群体发展和富有创造力的根本机制。

但是，个人的竞争性要能够正常发挥，同时必须发展群体意识，积极与他人协作、互助。竞争本身是智慧、才能的比赛，同时也是品德、人格的比赛。在竞争中，竞争者一方面要不怕强者，不怕嫉妒，敢于争强，力求争先；另一方面，又需要善于同他人协作、互助，增长群体情感和合作精神。事实上，竞争本身就需要互助、信息交流、友谊鼓励和支持、情绪安慰及紧张后的娱乐。在交际和协作中，得到知识，增长经验，提高取得成功的能力。正是竞争激发着人们强烈的协作愿望和行动。

2003 年 12 月，美国的 Real Networks 公司向美国联邦法院提起诉讼，指控微软滥用了在 Windows 上的垄断地位，限制 PC 厂商预装其他媒体播放软件，并且无论 Windows 用户是否愿意，都强迫他们使用绑定的媒体播放器软件。Real Networks 要求获得 10 亿美元的赔偿。

第十章 竞争与合作

然而就在官司还没有结束的情况下，Real Networks 公司的首席执行官格拉塞却致电比尔·盖茨，希望得到微软的技术支持，以使自己的音乐文件能够在网络和便携设备上播放。所有的人都认为比尔·盖茨一定会拒绝他。但出人意料的是，比尔·盖茨对他的提议表示欢迎。他通过微软的发言人表示，如果对方真的想要整合软件的话，他将很有兴趣合作。

2005 年 10 月，微软与 Real Networks 公司达成了一份价值 7.61 亿美元的法律和解协议。根据协议，微软同意把 Real Networks 公司的 Rhapsody 服务包括进微软的 MSN 搜索、MSN 信息以及 MSN 音乐服务中，并且使之成为 Windows Media Player 的一个可选服务。

自 20 世纪 80 年代起，苹果和微软就一直处于敌对状态，为争夺个人计算机这一新兴市场的控制权展开了激烈的竞争。到了 90 年代中期，微软公司明显占据了领先优势，占领了约 90% 的市场份额，而苹果公司则举步维艰。但让所有人大跌眼镜的是，1997 年，微软向苹果公司投资了 1.5 亿美元，把它从倒闭的边缘拉了回来。2000 年，微软为苹果推出 Office 2001。自此，微软与苹果真正实现双赢，合作伙伴关系进入了一个新时代。

其实，个体的竞争也必须以促进群体的协作为条件。如果竞争妨害群体的协作，削弱或破坏群体的发展，这样的竞争不但不能促进个体完善、社会发展，而且必然成为社会腐败、个体堕落的因素。

这种又竞争又协作的人生状态能否真正实现？理想的模式固然难说，但在经验中类似的典型还是存在的，比如上面举的例子。另外，日本人的工作方式，就是个体与群体并重、竞争与协作结合的。一个典型的日本人，不仅具有强烈的成就动机和竞争取胜的精神，而且同时又非常注重集体意识，善于合作与协调。

这就是日本人的自我表现与自我克制统一的性格。历史学家埃德温·赖肖尔赞扬日本人无疑比多数西方人具有更多的集体倾向，而且在互助合作的团体生活中形成了这方面的高超技巧。但是，他又强调指出，

卡耐基有效沟通经典全集

日本人具有浓厚的个人意识,在把个人从属于集体的同时,在其他方面仍然保持着强烈的个性意识,顽强地表现自己,积极奋斗,干劲十足。

与人合作要讲究艺术,主要是时机要适当。在别人有能力、也愿意的时候,不失时机地提出合作,是令双方都十分愉快的事。

汤姆逊是一位演员,刚刚在电视上崭露头角。他英俊潇洒,很有天赋,演技也很好,开始时扮演小配角,现在已成为主要角色演员。从职业上看,他需要有人为他包装和宣传以扩大名声。因此他需要一个公共关系公司为他在各种报纸杂志上刊登他的照片和有关他的文章,增加他的知名度。

不过,要建立这样的公司,汤姆逊拿不出那么多钱来。偶然一次机会,他遇上了爱莎。爱莎曾经在一家大的公共关系公司工作了多年,她不仅熟悉业务,而且也有较好的人缘。几个月前,她自己开办了一家公关公司,希望最终能够打入公共娱乐领域。到目前为止,一些比较出名的演员、歌星、夜总会的表演者都不愿同她合作,她的生意主要还只是靠一些小买卖和零售商店。当汤姆逊把他的想法告诉爱莎后,与爱莎一拍即合,他俩联合干了起来。

汤姆逊成为爱莎的代理人,而她则为他提供出头露面所需要的经费。他们的合作达到了最佳境界。汤姆逊是一名英俊的演员,并正在时下的电视剧中出现,爱莎便让一些较有影响的报纸和杂志把眼睛盯在他身上。这样一来,她自己也变得出名了,并很快为一些有名望的人提供了社交娱乐服务,他们付给她很高的报酬。而汤姆逊不仅不必为自己的知名度花大笔的钱,而且随着名声的增长,也使自己在业务活动中处于一种更有利的地位。

通过爱莎和汤姆逊的相互协作,弥补了个人能力的不足,完成了一个人无法完成的事业。

可见协作的确是一件快乐的事情,有些事情人们只有相互协作才能做成。所以说,协作可以获得双赢的结果。

04　知足与进取

　　一个民族最危险的是墨守成规,不敢改革;一个人最糟糕的是知足常乐,不求进取。要树立起竞争观念,就必须破除知足常乐的旧观念。

——卡耐基 《人性的弱点》

　　所谓"知足常乐",就是满足自己的眼前所得,保持自己的安乐。这种处世态度,并不只是指日常生活不奢求,而是一种保守主义、利己主义的人生哲学。中国有一位哲学家老子宣传"无为而治",提倡"知足""知止""无欲""不争"。他认为,人生在世如能满足自己的所得,如此不争,不但可以保持内心的清静和愉快,而且还可以免遭屈辱和灾祸,即所谓"知足不辱,知止不殆""祸莫大于不知足"。只有知足知止,无欲不争,才

127

能长乐久安。显然，这是一种保守的、消极的人生哲学。

世界上第一辆四轮汽车是福特发明的，在其他汽车公司崛起之前，世界上最受欢迎的汽车是福特的 T 型车。这种汽车色彩单一，除了黑色还是黑色，样式也比较古板，但在流水线大批量生产模式下，其成本较低，而且耐用，迎合了当时世界各国消费者的需求，畅销期长达 20 年。也许正是因为这种畅销，让福特的经营者们误认为"现状"可以一成不变，福特王朝可以永远做汽车业的老大，进而忽视了世界一直都在前进的现实。

20 世纪 20 年代，经济进一步发展了，美国人的收入增加了，汽车不再仅仅是代步的工具，人们更乐意把它当作地位和身份的象征。显然，色彩单一、样式单一的 T 型车，已经无法满足人们的这种需求了。然而，福特公司经营者对这种变化视而不见，福特本人还固执地说："不管消费者需要什么，福特公司生产的汽车永远都是黑色的！"

前进中的世界终于使保持"现状"的福特落后了。跟上时代发展的，是顺应消费者需求的通用汽车以及后来的日本丰田和本田等。

首先，知足者的知足，不论是夜郎自大还是甘居中游，都是形而上学的表现。它不仅违背事物发展的规律性，而且也不符合人自身进步的内在要求。事物是不断变化、发展的，人生也必须要有所发现、有所创造，永不知足地积极进取，自强不息。在学习、劳动和工作中，永不满足已有的成绩，总是看到不足，以成绩为起点，向着更高的目标积极进取，就会不断取得新的成就。在日新月异的进步中得到安乐和幸福，生活的经验证明，"乐"不在于"知足"，而在于"不知足"。

知足者常忧，不知足者常乐，这才是人生的逻辑。

其次，"知足常乐"这种处世哲学的背后，隐藏的是狭隘的利己主义打算。它所追求的快乐，是个人"知足"之乐。这样的知足一旦得不到，就会产生对生活的不满、嫉妒，甚至对人生的失望。因为这种追求所满足的只是一个"自我"，如果这个"自我"不能满足，那么仅有的一点得意和快乐就会转化为痛苦。

第十章 竞争与合作

当然,指出"知足常乐"的人生哲学的狭隘和片面,并不是说任何情况下都不能讲知足。知足还是不知足,要看具体情况。在一定意义上,"知足"也可以使我们今昔对比,更加珍惜今天的进步和幸福,防止因物质享乐、欲望的不知足而贪婪和堕落。但是,绝不能离开自强、进步谈知足。对于"不知足"也要做具体分析,并不是任何"不知足"都是可取的。那种好高骛远、贪得无厌的不知足,同消极的自私的"知足"一样,也会破坏正常的、积极的竞争和协作。

美国某个小镇上的一位已过了耄耋之年的老人曾经非常自豪地说:"我是这个小镇上最富有的人。"

不久,这句话传到了镇上的税务稽查人员的耳朵里。稽查员的职业敏感使他们在第一时间登门拜访这位老人,他们开门见山地问:"我们听说,您自称是最富有的人,是吗?"

那位老人毫不犹豫地点了点头:"是的,我想是这样。"

稽查员一听,便从公文包里拿出笔和登记簿,继续问道:"既然如此,您能具体说一说您所拥有的财富吗?"

老人兴奋地说道:"当然可以了,我最大的财富就是我健康的身体,你别看我已经90多岁了,但我能吃能走,还能做点力气活呢,我不用光临医

129

院,就是在变相地省钱和赚钱。"

稽查员有些吃惊,仍然耐心地问:"那么您还有其他的财富吗?"

"当然,我还有一个贤惠温柔的妻子,"老人一脸幸福地说着,"我们生活在一起将近60年了,另外,我还有好几个很孝顺的子孙,他们都很健康,也很能干,这也是我的财富。"

稽查员再次耐着性子继续问:"还有吗?"

"我还是个堂堂正正的国民,享有宝贵的公民权,这也是不容否认的财富。还有,我有一群好朋友,还有……"

稽查员有点忍耐不住了,单刀直入地问:"我们最想知道的是,你有没有银行存款、有价证券或是固定资产?"

老人十分干脆地回答:"这些完全没有。"

稽查员又问:"您确定没有吗?"

老人诚恳的回答:"我发誓,肯定没有。除了刚才我说的那些财富,其他的我什么也没有。"

稽查员收起登记簿,肃然起敬地说:"确实如你所言,您是我们这个镇上最富有的人。而且,您的财富谁也拿不走,连政府也不能收取您的财产税。"

在人生过程中,正确地对待竞争,必须注意同他人的联合和协作。在联合与协作的过程中,既要有争先的勇气,又要注意把个人的作用同群体的力量结合起来。要竞争,就必须克服自卑心理、嫉妒心理;要在竞争中取胜,要克服轻慢心理,要看到竞争者之间的差别不是绝对的,而是相对的,在一定条件下是可以转化的;既不要大意,也不要惧怕强手而却步;要有不畏强手,绝不示弱的精神和拼劲。

当然,不示弱,也要根据实际对比力量,不能盲目自信,盲目轻视对手,以至于做出毫无把握的竞争。人生的积极竞争,是在共同幸福、进步前提下的友好竞争。这种竞争本质上是一种竞赛,既要有求胜、成功的强烈愿望,又要搞好协作、协调,以正当的手段和方式进行竞争,以利于共同进步和共同事业的发展。

　　世间的人,没有一个是完美的。即使你是一个技艺超群、综合能力超强的人,也并非就掌握了生活中、工作中的所有知识。当遇到困难时,与别人合作就是必然的了。

第十一章

会说话,赢得好人缘

人人都喜欢听赞美的话,在你表示赞美的时候,要确实百分之百的真诚。如果没有诚意的话,可能偶尔会骗过一两个人,却骗不了大部分的人,你最终还是会失去别人对你的信任。

01　谈话前要做好充分准备

无论什么时候，在罗斯福接受访问的前一夜，他都会晚些睡，阅读他的客人所感兴趣的东西。因为罗斯福同所有的领袖一样，知道通到人心的大路就是跟对方谈论他最以为宝贵的事情。

——卡耐基　《人性的弱点》

美国有一个人寿保险商，就靠他的"准备"工作，成为寿险之"王"。他的秘诀是：当他去沟通一个客人之前，先了解他究竟有没有买了别家的人寿保险，如果在别家已有人寿保险，再去劝他多买自己公司的，成功的希望已减去一半。

碰着这种情形，他就不再提人寿保险的事，而是可能提到另外一种保险，例如意外保险之类。而许多人寿保险商，会攻击客人所购的别的人寿保险，然后推荐自己的公司。

一家书报社派员上门推销。一次，推销员去一家客户那里，客户本来已长期订阅了甲杂志，推销员还让人订一本乙杂志，客人很痛快地就回绝了，因为没有同时订两本杂志的必要。这话一经讲出，气氛已很不愉快，再要介绍另外一种杂志时，已经来不及了。

有许多事情，本来事先可以稍加准备的，有了准备，一切都好办得多，可惜许多人都漠视这种应有的准备，放过了成功的机会。

在电话交往中也有这种情形，预先准备好别人说"是"或"否"时你应该如何应对，就可以避免很多不必要的不愉快了。

与人谈话时，由"非特定话题"转入"正题"是一件相当困难的事。有许多人喜欢说一大堆题外话，然后说，言归正传，今天来找你是为了某件事；或者，今天来访，其实是为了某件事。这样转入正题，表面看来似乎直截了当，但这样会使得刚才你说的所有题外话完全失去效果，因为对方的

第十一章 会说话，赢得好人缘

脑子,已把你的谈话一分为二。如果你说话有这种习惯,不懂"转题"的技巧,倒不如开门见山,一见面就讲正题可能会好得多。

吉米是一名洗衣机推销员,一次他去拜访朋友,目的当然是推销洗衣机。如果他首先和别人说了一大通题外话,然后说,今天拜访无其他目的,实在是想推销洗衣机,他多半要失败的。但他一开头便谈论近来天久不雨,水库干,停水,然后说,这几天热得很,天天要换衬衫,每天单是洗衣服就大伤脑筋,由此转入推销洗衣机,真有天衣无缝之妙。即使对方发现了这条"缝",也不会觉得不舒服的。

有些场合是需要声明"闲话少说,言归正传"的。比如对方已知你来意,或者彼此已约定此次要谈些什么,来一个正式宣布,可以使对方的情绪拉紧,把精神集中一下,来谈你们之间要谈的事情。

说话时不能不假思索脱口而出,一定要经过大脑过滤,并且要让人感到信服,从而愿意接受你的意见。同时,不管对方说什么,也一定要用心去听。

02　以肯定来开始谈话

懂得说话的人都在一开始就得到一些"是的"反应,接着就把听众心理导入肯定方向。就好像打撞球的运动,从一个方向打击,它就偏向一方;要使它能够反弹回来,必须花更大的力量。

——卡耐基　《人性的弱点》

世界著名推销大师托德·邓肯在推销时,总爱向客户问一些需要肯定回答的问题。他发现这种方法很管用,当他问过五六个问题,并且客户都做了肯定的回答,再继续问其他关于购买方面的知识,客户仍然会点头,这个惯性一直保持到成交。

以肯定来开始的谈话方式,使得纽约市格林威治储蓄银行的职员詹姆斯·艾伯森挽回了一名主顾。

那个人进来要开一个户头,艾伯森先生就给他一些平常的表格让他填。有些问题他心甘情愿地回答了,但有些他则根本拒绝回答。

第十一章 会说话，赢得好人缘

若是前些年，艾伯森一定会对那个人说：如果他拒绝对银行透露那些资料，就不让他开户头。当然，像那种断然的方法，会使他觉得痛快。因为他表现出了谁是老板，也表现出了银行的规矩不容破坏。但那种态度，当然不能让一个进来开户头的人有一种受欢迎和受重视的感觉。

所以，这次艾伯森决定采取一点实用的普通常识。决定不谈论银行所要的，而谈论对方所要的。最重要的，他决意在一开始就使他说"是，是"。于是艾伯森对那人说，他拒绝透露的那些资料并不是绝对必要的。艾伯森又继续说，请不要介意把最亲近的亲属名字告诉银行，这是一种很好的方法，万一你出意外了，银行就能正确并不耽搁地实现你的愿望。

那位来客的态度软化下来。当他发现银行需要那些资料是为了他的时候，改变了态度。在离开银行之前，那人不只告诉他所有关于自己的资料，而且还在艾伯森的建议下，开了一个信托户头，指定他母亲为受益人，而且很乐意地回答了所有关于他母亲的资料。

还有一个故事：

有一次，大推销员金克拉因违反交通规则被罚款 30 美元。他拿着罚款单去交罚款，当他把钱交到那位处理罚款通知单的小姐手中时，顿时产生了一个念头：如果我能巧妙地抓住这个机会与她搭上话，也许能够把自己损失的钱捞回来；即使买卖不成，对自己也没有什么损失。

于是，他对小姐很有礼貌地说："我可以向你打听两件事吗？"

小姐微笑地说："请说吧！"

金克拉问道："想必你现在还是单身一人吧？我想你大概也有些积蓄了吧？"

小姐不解地点点头，说："嗯，是啊！"

金克拉神秘地说："有一件东西非常好，你以后一定用得上。如果你看了喜欢它的话，愿意每天省下 25 美元把它买下吗？"

"嗯，我愿意。"小姐又给出了肯定的回答。

"那件东西就放在我的汽车的后备厢里。那可是件非常漂亮的东西,而且是很难买到的。你不但现在需要,而且在将来的生活中也会经常用得到它。为了让你尽快看看那件东西,我能否耽误你5分钟的时间?"

"嗯,我想看看。"小姐再次给出了肯定的答复。

"那么,请稍等一下。"

金克拉连忙跑到汽车旁,将一套锅的样品拿了出来。然后又进行了示范演示,问小姐:"请问你是否需要订货?"

小姐的态度有些犹豫,刚好旁边有一位比她大10岁左右的已婚妇女,小姐便问她:"请问如果您是我,您会怎么做?"

没等那位妇女回答,金克拉插嘴道:"如果您站在这位小姐的立场上考虑问题,您将怎么做?其实,您是已经结了婚的人了,结婚以后您所负担的费用会随着家庭人口的增加而增加,我想这些您是完全明白的。请您想想,如果您在结婚之前,能有个得到一套漂亮的锅的机会,您会怎么办?"

那位妇女果断地说:"如果是我的话,我会毫不犹豫地将它买下来。"

金克拉转过头问那位小姐:"这应该也是你想要做的吧?"

小姐微笑着回答说:"嗯,是啊。"

于是,金克拉成功地得到了一份订货合同。签完合同,他又问那位已婚妇女说:"虽然十年前您没有遇到这样的机会,可是总不能让您和您的家人以后也不使用这样的锅吧?"

"嗯,那倒是。"已婚妇女回答道。

金克拉说:"估计您也想买套锅吧?"

已婚妇女说:"是啊。"

就这样,金克拉又轻松地攻下了另一位客户。他之所以在短短的几分钟时间内能得到两份订单,关键在于他能巧妙地同对方用肯定来开始谈话。

用肯定来开始谈话。若一开始就让他说"是,是",就会使人忘掉曾经的争执或不愉快的事情,而乐意去做我们所建议的事。

一切使人喜悦的艺术之中,说话的艺术占第一位。只有通过它,被习惯钝化的感官才能获得新的乐趣。

03 改变说话的语气

在你表现出你认为别人的观念和感觉与你自己的观念和感觉一样重要的时候,谈话才会有融洽的气氛。

——卡耐基 《人性的弱点》

人都有一种自重感,都爱面子。有一些人明知道自己错了,也要强争三分理,尤其是在他们认为自己正确、其实并不正确的时候,更会坚持不让。还有一些人自高自大,或者戒备心理很强,听不进去别人的意见。要说服这样一些人,就要学会改变说话的语气。

在开始谈话的时候,要让对方提出谈话的目的或方向。如果你是听者,你要以你所要听到的是什么来管制你所说的话。如果对方是听者,你接受他的观念将会鼓励他打开心胸来接受你的观念。

小王是做推销家用电器工作的。这一次他推销的是公司的新产品,就是可以快速把洗涤的衣服弄干的机器。

当他上门对一位太太进行推销时,在他讲解产品说明后,看到客户还没有购买的意思,于是他就改变了自己的说话语气。

"太太,您什么时候洗衣服啊?"

"下班之后,或在早上很早的时候。"

"哦!那真辛苦,您把衣服晾在外面吗?"

"因为怕下雨,只好都晾在家里面。"

"衣服晾在家里,像这几天阴雨绵绵,一天能干吗?"

"嗯,像现在这个季节,最少也要两天才干得了哦!"

此时,小王利用她抱怨的心态,进一步加强攻势:

"其实，只要您使用我们公司这种机器，保证30分钟衣服就可以干了。以后，无论您利用什么时间洗衣服，用不了多久就可以穿上干爽的衣服了。"

最终，小王的推销成功了。

在与人交谈中，把对方的话题和看法先承接下来，这样能够缓解对方的对立情绪，使他愿意听取你的意见。当他对你消除戒备心理时，你再话锋一转，改变原来的话题，进入你要与之交谈的主题，这样对方比较乐意接受。

表现出你的诚意吧，不过首先你必须让对方认为，你同意他的观点。迎着这样的诚意，谈话就可以顺利进行了。

04　学会倾听别人的心声

> 静听是我们对别人的一种最高的恭维。一个成功的商业会谈的秘诀是什么？曾任哈佛大学校长的查尔斯·爱略特说："成功的商业交往，没有什么秘密可言……用心关注跟你讲话的人极为重要。没有别的东西像这个那样使人如此开心。"
>
> ——卡耐基 《演讲的艺术》

人们往往对自己的事感兴趣，喜欢自我表现。一旦有人专心聆听自己的讲话时，就会感到自己被重视。

再也没有比拥有一个忠实的听众更令人愉快的事情了。对于倾听者来说，在人际交往中，多听少说，善于倾听别人的谈话是一种很高雅的素养，并能通过倾听了解对方的心理，从而更好地与之交往。因为认真倾听别人的讲话，表现了对说话者的尊重，人们往往会把忠实的听众视作完全可以信赖的知己。

保险推销大师弗兰克在推销的时候，善于做别人的听众。有一次，他打电话给费城牛奶公司的总裁。因为那个总裁以前跟弗兰克做过一笔小生意，而且很成功。由于对弗兰克的印象很好，所以很愿意见到弗兰克。弗兰克刚在他面前坐下，他说："弗兰克，说说你的巡回讲演吧，一定很精彩吧？"

"完全可以，"弗兰克肯定地说，"不过我更想知道您的近况。您现在忙什么呢？生意还顺利吧？"

"托上帝的福，还可以。"接着，总裁便和弗兰克谈起了他的生意。并渐渐地由生意谈到家庭，在谈及家庭的时候，总裁向弗兰克谈起了前一天晚上与妻子和朋友们玩一种新的纸牌游戏时的情形。弗兰克以前从没听说过这种游戏，因此也十分感兴趣。总裁谈纸牌游戏谈得很起劲儿，到最后弗兰克也没有谈他巡回讲演的事。

后来，当弗兰克起身告辞的时候，总裁忽然叫住他说："弗兰克，我们公司打算为工厂管理人员投保，你说28 000美元够不够？"

在与客户交往的过程中，一定要谈论客户喜欢的、感兴趣的事情，真心地询问客户的近况和家庭情况，并在交谈中甘做一名听众，最后你会发现客户会主动和你做生意。

做一个耐心的倾听者，是口才的一项重要条件。因为一个能够静坐聆听别人的意见的人必定是一个富有思想和具有谦虚柔和性格的人，这种人也许在人群中不显山不露水，但最终他一定能够赢得别人的尊重。因为虚心，他为众人所喜悦；因为思想，他为众人所尊重。

韦伯从欧洲旅游回到美国后，在一次晚宴上结识了一位女士。这位女士知道韦伯刚从欧洲回来，便说自己从小就梦想着去欧洲旅行，现在都未能如愿。在后来的交流中，韦伯意识到她是一个很健谈的人。他知道，

第十一章 会说话，赢得好人缘

如果让这样一个人很久地听别人讲许多风景优美的地方，一定如同受罪，心中还憋着一口气，并且还会不时地打断自己的谈话。因为她对别人的谈话根本没有兴趣。事实上，这位女士只是想从别人的谈话中找到契机以开始自己的话题。

韦伯曾听朋友说，这位女士刚从阿根廷回来。阿根廷景色秀丽的大草原是最吸引人的地方，她一定深有感触。于是，他便说自己喜欢打猎，还说欧洲的山太多了，如果能有机会在大草原上打猎应该是十分惬意的事。

那位女士一听到大草原，就立刻打断了韦伯的话，兴奋地告诉他，她刚从阿根廷回来。韦伯当时耐心地听着，那位女士后来就开始了她滔滔不绝的话题，一直讲到晚会结束还意犹未尽。

后来，宴会的主人告诉韦伯，那位女士说她与韦伯相处得很融洽，自己非常喜欢和他在一起。事实上，韦伯只说了几句话。

其实，那位女士并不想从别人那里听到些什么，她仅仅是需要一双认真聆听的耳朵，她只想倾诉。而韦伯正好懂得这一点。

倾听是一种最佳的沟通技巧，也是礼貌和诚挚的表现。倾听使谈话双方更加融洽与信任，心灵的距离被缩短了。

倾听，意味着要有足够的好奇心，去强迫自己对别人感兴趣。如果你认为生活像剧院，自己就站在舞台上，而别人只是观众，自己正在将表演的角色发挥得淋漓尽致，而别人也都注视着自己。如果你有这样的想法和习惯，那你会变得自高自大，以自我为中心，也永远学不会倾听，永远无法了解他人。

怎样才能做一个良好的倾听者呢？首先是要有"诚意"。别人和你说话的时候，你的眼睛要注视着他，不管对你说话的人的地位比你高还是比你低，学会注视，一是表示你在意他的谈话，二是表明你有足够的勇气和信心正视别人；其次是别人对你说话的时候，你绝对不可以同时做着一些不必要的工作，这是不礼貌的，而且当人家问你一些问题的时候，你会因为无言以对而尴尬。

143

卡耐基有效沟通经典全集

当然，倾听并不是说你要坐在那里一言不发，讲话要一句一句地讲，一段一段地讲，只讲不听，只听不讲，都不算谈话。我们所追求的口才，不只是讲的问题，还有听的问题。会说话的人，同时也是会听话的人。会说话的人在说话的时候，绝不只是自己一味地说。他在未说之前，在说的时候，说了之后，都有一件事情使他非常关心的，那就是他的话在对方看来是怎样的，也就是自己说的内容在听众心理引起怎样的反映。

一切口才的最终结果，就是自己的话在听者头脑中所产生的印象和效应——使听者明白自己的话，相信自己的话，照自己的话去做。

滔滔不绝、口若悬河、一大套一大套地讲个没完没了，并不是真正的好口才，口才很好的人不一定要讲很多，精妙之处在于他只讲了三言两语就使人佩服得五体投地，因为他了解别人的心情，知道别人要听什么。

倾听别人说话时，偶尔插上一两句恰到好处的话，或不明白时提出一个问句是非常必要的，说明你对他的谈话非常留心，也可以把谈话引向深入。

如果你不同意他的观点，你或许会很想打断他。但不要那样，因为那样做很危险。当他有许多话急着说出来的时候，他是不会理你的。因此你要耐心地听着，抱着一种开放的心胸，要做得诚恳，让他充分地说出他的看法。

突然打断别人的讲话，就像一支非常流畅的乐曲被中途断开，从此失去了连贯的味道和演奏者的好心情。

在日常交流中需要始终关注交谈对象的反应，这既可以成功地表达自己的观点、要求和态度，也可以通过这样的交谈而收获友谊。对于对方的话语，例如提问，即使不能给予正确的回答，也不要一语带过，或者轻描淡写地笼统回答，更不要答非所问。对别人的抱怨，更要耐心地倾听。

有一位汽车推销员，经朋友介绍去拜访一位曾经买过他们公司汽车的客户，一见面，他照例先递上名片，然后说："我是大众汽车推销员，我姓……"

他还没有报出自己的姓名，就被客户以十分严厉的口吻打断，并开始抱怨当初他买车时的种种不悦,其中包括报价不实、内装及配备不对、交车等待过久、服务态度不佳……总之讲了一大堆,结果这位新推销员被他吓得一句话也不敢说了,只是静静地在一旁听着。

终于,等到他把之前所有的怨气一股脑儿地倾吐完,稍微喘息一下时,才发觉这个推销员并没有向自己推销过汽车,便有一点不好意思地问他说:"年轻人,你贵姓呀,现在有没有好一点的汽车,拿份目录来看看吧!"三十分钟过后,这个推销员欢天喜地地吹着口哨离开了,因为他手上握着两辆汽车的订单。

05　让对方多说

如果你要别人同意你的观点,必须遵循的规则是:使对方多多说话。
——卡耐基 《人性的弱点》

试着去了解别人,让对方多说话,清楚他看待事情的观点,就能创造生活奇迹,使你得到友谊,减少摩擦和困难。

艾尼是纽约市中区人事局最得人缘的工作介绍顾问,但是过去的情形并不是这样。在她初到人事局的最初几个月中,连一个朋友都没有。因为那时每天她都使劲地吹嘘她自己,比如在工作介绍方面的成绩,她新开的存款户头,以及她所做的每一件事情。

她认为自己工作做得不错,并且为之自豪,但是同事们不但不分享她的成就,而且极不高兴。艾尼渴望这些人能够喜欢她,真的很希望他们成为她的朋友。后来,她开始少谈自己而多听同事说话。他们也有很多事情要吹嘘,他们把自己的成就告诉艾尼,比听别人吹嘘更令他们兴奋。现在当她与他们在一起闲聊的时候,别人就把他们的欢乐告诉她,与她分享,而只在他们问及的时候才说一下自己的成就。

德国人有一句谚语,大意是这样的:最纯粹的快乐,是我们从那些我们的羡慕者的不幸中所得到的那种恶意的快乐！意思是，最纯粹的快乐，是我们从别人的麻烦中所得到的快乐。

你的一些朋友，从你的麻烦中得到的快乐，极可能比从你的胜利中得到的快乐大得多。因此，我们对于自己的成就要轻描淡写。谦虚，永远会受到别人的欢迎。

我们应该谦虚，因为你我都没什么了不起。我们都会去世，百年之后就被忘得一干二净了。生命的短促不容忍我们在别人面前大谈成就，相反我们要鼓励他们谈谈他们自己才对。

西格曼要算是近代最伟大的倾听大师了。他是一位十分专注于听人讲话的人，他拥有别人所不具有的特殊气质，并能用心灵洞察事情。他的目光谦逊、温和，声音低柔，非常专注地听别人说话——即使别人说得不好，还是一样认真地倾听。

只谈论自己的人，所想到的也只有自己。而只想到自己的人，是不可救药的未受教育者。人们会认为他没有受过教育，不论他读过多少年的书。

请记住，跟你谈话的人，对他自己、他的需求和他的问题，更感兴趣千百倍。他对自己颈部的疼痛，比对非洲发生40次地震更为关注。当你下次开始跟别人交谈的时候，别忘了这点。

韦恩是罗宾见到的最受欢迎的人士之一。他总能受到邀请，经常有人请他参加聚会、共进午餐、担任客座发言人、打高尔夫球或网球等。

一天晚上，罗宾到朋友家参加小型社交活动。他发现韦恩和一个漂亮女士坐在一个角落里。出于好奇，罗宾远远地注意了一段时间。罗宾发现那位年轻女士一直在说，而韦恩好像一句话也没说。他只是有时笑一笑，点一点头，仅此而已。几小时后，他们起身，谢过男女主人，走了。

第二天，罗宾见到韦恩时禁不住问道：

"昨天晚上我在斯旺森家看见你和一个最迷人的女孩在一起，她好像完全被你吸引住了。你是怎样吸引她的注意力的？"

"很简单，"韦恩说，"斯旺森太太把乔安介绍给我，我只对她说'你的

第十一章 会说话,赢得好人缘

皮肤晒得真漂亮,在冬季也这么漂亮,是怎么做的?你去哪儿了呢?阿卡普尔科还是夏威夷?'

"'夏威夷,'她说,'夏威夷永远都风景如画。'

"'你能把一切都告诉我吗?'我说。

"'当然。'她回答。我们就找了个安静的角落,接下去的两个小时她一直在谈夏威夷。

"今天早晨乔安打电话给我,说她很喜欢我陪她。她说很想再见到我,因为我是最有意思的谈伴。但说实话,我整个晚上没说几句话。"

看出韦恩受欢迎的秘诀了吗?很简单,韦恩只是让乔安谈自己。他对每个人都这样——对他人说:"请告诉我这一切。"这足以让一般人激动好几个小时。人们喜欢韦恩就是因为他注意他们。

假如你也想让大家都喜欢,那么就尊重别人,让对方认为自己是个重要的人物,满足他的成就感,而最好的办法就是谈论他感兴趣的话题。千万不要喋喋不休地谈自己,而要让对方谈他的兴趣、他的事业、他的高尔夫积分、他的成功、他的孩子、他的爱好和他的旅行等。

让他人谈自己,一心一意地倾听,要有耐心,要抱有一种开阔的心胸,还要表现出你的真诚,那么无论走到哪里,你都会大受欢迎。

因此，如果你想要别人喜欢你，请从现在开始，做一个好的听众，鼓励他人谈论他们自己。

我们常常不愿去听清别人在说什么，无知与偏见就这样产生了。耐着性子多听一些，就会了解对方的内心感受，信任很容易就会产生。

第十二章

善待别人也是善待自己

用温和、友善、赞赏、宽容的态度对待别人,不要对别人斤斤计较,要知道,你怎样对待别人,别人就会怎样对待你。你善待别人,也会使自己享受快乐和安宁。

01　善待所有的人

> 种因就会得果。能够记住这点的人就不会跟任何人生气,不会跟任何人争吵,不会辱骂别人、责怪别人、触犯别人、憎恨别人。
>
> ——卡耐基 《人性的弱点》

善待他人是有修养的表现,而有修养的人一定会是别人愿意交往的对象。在善待他人的过程中你无形地投入了感情,当然别人对你的善意肯定会铭记于心,在以后的交往中自然也会用真诚和善意来对待你。

在美国历史上,恐怕再没有谁受到的责难、怨恨和陷害比林肯多了。林肯却从来不以他自己的好恶来批判别人。如果有什么任务要做,他也会想到他的敌人可以做得很好。如果一个以前曾经羞辱过他的人,或者是对他个人有不敬的人,却是某个位置的最佳人选,林肯还是会让他去担任那个职务,就像他会派他的朋友去做这件事一样。而且,他也从来没有因为某人是他的敌人,或者因为他不喜欢某个人,而解除那个人的职务。很多被林肯委任而居于高位的人,以前都曾批评或是羞辱过他,比如麦克里兰、爱德华、史丹顿和蔡斯。但林肯相信"没有人会因为他做了什么而被歌颂,或者因为他做了什么或没有做什么而被废黜。因为所有的人都受条件、情况、环境、教育、生活习惯和遗传的影响,使他们成为现在这个样子,将来也永远是这个样子"。

加州的安妮一家就拥有这样平静的心态。在安妮很小的时候,她的家人每天晚上都会从《圣经》里面摘出章句或诗句来复习,然后跪下来一齐念"家庭祈祷文"。她现在仿佛还听见,在加州一栋孤寂的农庄里,她的父亲复习着耶稣基督的那些话:"爱你们的仇敌,善待恨你们的人;诅咒你们的,要为他祝福;凌辱你们的,要为他祷告。"

安妮的父亲做到了这些,也使其内心得到一般人所无法追求的平静。

● 第十二章 善待别人也是善待自己

平和是情绪的最佳状态。无论从事什么职业,与什么人相处,这都非常重要。静中有着无限的妙趣。

有这样一个故事:

一个穷苦的小男孩,身着单薄的衣衫被冻得瑟瑟发抖,他为了攒学费不得不每天上街推销商品。一天傍晚,劳累了一整天的他感到十分饥饿,但摸遍全身,却只有一角钱,怎么办呢?他决定向下一户人家讨口饭吃。当一位美丽的女孩打开房门的时候,这个小男孩却有点不知所措了,他没有要饭,只乞求给他一口水喝。这位女孩看到他很饥饿的样子,就拿了一大杯牛奶给他。之后,小男孩问这需要多少钱,小女孩回答说,妈妈教育我要对人施以爱,不必收一分钱。小男孩十分感激地说:"请接受我由衷的祝福吧!"说完男孩离开了这户人家。此时,他不仅感到自己浑身是劲,也感到自己将有美好的未来。他放弃了退学的念头,要把书继续念下去,一定要取得好成绩。

转瞬间数年过去了,有一位美丽的女孩得了重病,她被转到大城市,著名的医生凯利参与了医治方案的制订。当他从病历上看到那女孩的来历时,若有所思,就又转身去了病房。凯利医生一眼就认出床上躺着的病人就是那位曾帮助过他的恩人。他回到自己的办公室,决心一定要竭尽所能治好女孩的病。后来,经过他严格而精心的治疗,这个女孩竟然奇迹般地康复了。

凯利医生要求把医药费通知单送到他那里,在通知单的旁边,他签了字。当医药费通知单送到这位特殊的病人手中时,她不敢看,因为她确信,治病的费用将会花去她的全部家当。最后,她还是鼓起勇气,翻开了医药费通知单,旁边的那行小字引起了她的注意:"医药费——1杯牛奶。霍华德·凯利医生。"原来是他——数年前的小男孩。

不要处处与人交恶,善待他人就是善待自己。善意地对待别人,能较好地推动人们相互之间的理解与合作,很多事情就能顺理成章地完成,很多从前解决不了的问题也会迎刃而解。

02 温和友善胜于愤怒与咆哮

温和、友善、赞赏的态度对于改变一个人的心意,往往比咆哮和猛烈地攻击更为奏效。因为在友善中,你可以发现,任何事情都没有想象的那么难以应付。

——卡耐基 《人性的弱点》

对于商业界来讲,对罢工者表示出友善的态度是必要的。怀特汽车的一个工厂有200多名员工,他们因要求加薪而罢工。总裁罗伯·布莱克没有因此而采取动怒、责难、恐吓或发表霸道讲话的做法,反而在报纸上登出一则广告,称赞罢工者"用和平的方法放下工具"。他又发现罢工

第十二章 善待别人也是善待自己

监察员无事可做，便买来许多棒球和手套让他们在空地上打棒球，还租下一个保龄球场，以供那些喜欢保龄球的人娱乐。

终于，这些举动感动了工人们。罢工者找来了扫把、铲子和垃圾车，把工厂附近因罢工留下的纸屑、烟头等垃圾扫除干净。罢工的问题就这样轻易地解决了。

假如人心不平，对你印象恶劣，你就是用尽所有基督理论也很难使他们信服于你。

有时候，一些难以应付的人或事，会在友善与赞赏中变得温和起来。

斯特先生是个工程师，他要求房东减低房租，但房东是个铁面无情的人，很难说动。于是，他便给房东写了一封信，告诉他，等租约一到，他就搬出去。而事实上，他并不想搬家，只是想降低房租。其他房客都试过，但都没有成功。他们还告诉斯特先生，说房东很难对付，要特别小心。

房东收到信后，去找了斯特先生。斯特和房东热诚地交谈，没有提房租高的事，只告诉他自己十分喜欢这间房子，然后继续恭维他很会管理这里。再告诉他，如果不是付不起房租，他很愿意再多住一年。

房东从未遇到过这样的房客，一时不知该如何是好。房东说，他的房客们总是抱怨。他收到过许多房客的来信，其中还有人在信中侮辱他。

153

他说，像斯特这样的房客，真让他松口气。

后来，斯特先生没有要求，房东便自动将房租减少了一些。并且还问他，房子是否需要装修。

温和、友善和赞赏的态度更能让人改变心意，这是咆哮和猛烈攻击所难以奏效的。

美国波士顿郊区曾发生过这样一件事，证明了这个真理。

那些年，波士顿的报纸上充斥着堕胎专家和庸医的广告，表面上是给人治病，实际上却是用恐吓的方式，类似"你将失去性能力"等可怕的词句，欺骗无辜的受害者。他们害死了许多人，却很少被定罪。他们只要缴点罚款或利用政治关系，就可以逃脱责任。

这种情况太严重了，激起了波士顿很多善良民众的义愤。传教士拍着讲台痛斥报纸，祈求上帝能终止这种广告。公民团体、商界人士、妇女团体、教会、青年社团等，一致公开指责，大声疾呼。然而，一切都无济于事。议会掀起争论，要使这种无耻的广告不合法，但是在集团利益和政治的影响力之下，各种努力都毫无成效。

华尔医师是波士顿基督联盟的善良民众委员会主席，他的委员会用尽了一切方法，也都失败了。这场抵抗医学界败类的斗争，似乎没有什么成功的希望。

有一天晚上，华尔医师尝试了波士顿显然还没有人试过的一个办法，为了让报社自动停止刊登那种江湖郎中的广告，他给《波士顿先锋报》的发行人写了一封信，表示他多么仰慕该报：新闻真实，社论尤其精彩，是一份完美的家庭报纸，他经常看该报。华尔医师还表示，以他的看法，它是新英格兰地区最好的报纸，也是全美国最优秀的报纸之一。"然而，"华尔医师说道，"我的一位朋友告诉我，有一天晚上，他的女儿听他高声朗读贵报上有关堕胎专家的广告，并问他那是什么意思。老实说，他很尴尬，他不知道该怎么回答。贵报深入波士顿众多家庭，既然这种场面发生在我的朋友家里，在别的家庭也难免会发生。如果你也有女儿，你愿意让她看到这种广告吗？如果她看到了，还要你解释，你该怎么回答呢？"

"很遗憾,像贵报这么优秀的报纸——其他方面几乎是十全十美的——却有这种广告,使得一些父母不敢让家里的女儿阅读。可能其他成千上万的订户都和我有同感吧!"华尔医师最后写道。

两天以后,《波士顿先锋报》的发行人给华尔医师回了一封信。

亲爱的先生:

十一日致本报编辑部来函收纳,至为感激。贵函的正言,促使我实现本人自接掌本职后,一直有心于此,但未能痛下决心的一件事。

从下周一起,本人将促使《波士顿先锋报》摒弃一切可能招致非议的广告。暂时不能完全剔除的广告,也将谨慎编撰,不使它们造成不良影响。

03 多付出关心与温暖

要表示你的关切,这跟其他人际关系一样,必须是诚挚的。这不仅使得付出关切的人有些成果,接收这种关切的人也是一样。它是条双向道,当事双方都会受益。

——卡耐基 《人性的弱点》

关心别人是一条双方都受益的双向道。它不但可以消除沮丧、恐惧与孤寂,而且在许多时候可以创造更多的价值。

有一位名叫马丁的纽约人说,一位护士给他的关切深深地影响了他的一生。在他10岁那年的感恩节,他正因社会福利制度而住在一家市立医院,预定明天就要动一次大手术。他知道,以后几个月都是一些限制和痛苦了。他父亲已去世,现在,他和母亲住在一个小公寓里,靠社会福利金维生。那天母亲刚好不能来看他。

他感到自己完全被寂寞、失望、恐惧的感觉所压倒。他也知道妈妈正在家里为他担心,而且也是孤零零的一个人,没有人陪她吃饭,甚至没钱吃一顿感恩节晚餐。

他把头埋进了枕头下面,暗自哭泣,但全身都因痛苦而颤抖着。

一位年轻的实习护士听到了他的哭声,就过来看看他。她把枕头从他头上拿开,拭去了他的眼泪。她跟马丁说她也非常寂寞,因为她必须在这天工作而无法跟家人在一起。她又问马丁是否愿意和她共进晚餐。她拿了两盘东西进来:有火鸡片、马铃薯、草莓酱和冰淇淋甜点。她跟马丁聊天并试着消除他的恐惧。虽然她本应4点就下班的,可她一直陪他到将近11点才走。

他说10岁以前,过了许多的感恩节,但对这个感恩节他永远不会忘记。他还记得那沮丧、恐惧、孤寂的感觉,突然一个陌生人的温情使那些感觉全部消失了。

本杰明·富兰克林说:"一个人种下什么,就会收获什么。"关心他人的人终将得到回报,因为关心的行为是相互的,只要你付出你的关心与温暖,别人也会以同样的方式来关爱你。若想赢得他人的尊重,就必须从关心他人做起,这是最起码的条件。

一天傍晚,失业快半年的技工杰克驾车回家。途经没有人烟的旷野时,天开始黑下来,还飘起了小雪。突然,他发现路旁有一个老太太的车出了毛病,正焦急地在路上张望,企求别人的帮助。于是,杰克将车开到老太太的奔驰车前,走下车来。

第十二章 善待别人也是善待自己

虽然杰克面带微笑,但老太太还是有些担心。他知道老太太是怎么想的,只有寒冷和害怕才会让人那样。

"我是来帮助你的,老夫人,你为什么不到车里暖和暖和呢?"杰克说罢便爬到车下面,找了个地方安上千斤顶。结果,杰克弄得浑身脏兮兮的,还弄伤了手。当他拧紧最后一个螺母时,老太太摇下车窗,开始和杰克聊天。她说她从圣路易斯来,只是路过这儿,对杰克的帮助感激不尽。杰克只是笑了笑,并帮她关上后备厢。

车修好了,老太太问该付多少钱,出多少钱她都愿意。杰克却没有想到钱,杰克说:"如果你真想答谢我,就请在下次遇到需要帮助的人时,也给予他帮助,并且想起我。"

杰克看着老太太发动汽车上路了。天气寒冷且令人抑郁,但杰克在回家的路上却很高兴,开着车消失在暮色中。

当老太太沿着这条路行了几英里,看到一家小咖啡馆时。她想进去吃点东西,驱驱寒气,再继续赶路回家。

这时,一位女侍者走过来,给了她一条干净的毛巾来擦干她湿漉漉的头发。老太太注意到女侍者已有近八个月的身孕,但她的服务态度并没有因为过度的劳累而有所改变。

老太太吃完饭,拿出 100 美元付账,女侍者拿着这 100 美元去找零钱,而老太太却悄悄出了门。当女侍者拿着零钱回来,正奇怪老太太去哪儿时,她注意到餐巾上有字,上面写着:"你不欠我什么,我曾经跟你一样,有人曾经帮助我,就像我现在帮助你一样,如果你真想回报我,就请不要让关爱之链在你这儿中断。"

晚上,当这个女侍者下班回到家,躺在床上,她还在想着那钱和老太太写的话,老太太怎么知道她和丈夫那么需要这笔钱呢?孩子下个月就要出生了,生活会很艰难,丈夫又失业了,她知道她的丈夫是多么焦急。当杰克疲惫地回到家躺在她旁边时,她给了杰克一个温柔的吻,并将今天的遭遇跟他叙述了一遍。杰克听后,一股暖流在他的心底里荡漾。

如果你想赢得人心,首先要让他们相信,你是最真诚的朋友。

04　用真诚开启紧闭的大门

　　对别人显示你的兴趣,并对他表示关切,不但可以让你交到许多朋友,而且在许多时候可以创造更多的价值。

　　　　　　　　　　　　　　——卡耐基 《人性的弱点》

　　如果一家银行的每一个人都十分有礼、热心,在排了长时间的队之后,有位职员亲切地跟你打招呼,这肯定会令人感到愉快。

　　查尔斯·华特尔,在纽约市一家大银行工作,奉命写一篇有关某一公司的机密报告。他知道某一个人拥有他非常需要的资料。于是,华特尔决定去见那个人,他是一家大工业公司的董事长。当华特尔被迎进董事长的办公室时,一个年轻人从门边探头出来告诉董事长,他这天没有什么邮票可给他。董事长对华特尔解释,说他正在为他12岁的儿子收集邮票。

　　华特尔说明他的来意,开始提出问题。董事长的说法含糊、概括、模棱两可。他不想把心里的话说出来,无论华特尔怎样好言相劝都没有效果。这次见面的时间很短,也没有实际效果。

　　华特尔有些不知怎么办才好,但他很快想起那位董事长对他说的话——邮票,12岁的儿子……也想起银行的国外部门搜集邮票的事——华特尔再一次去找他,并传话进去,有一些邮票要送给他的孩子。结果董事长满脸带着笑意,客气得很。他不停地抚弄着那些邮票。他们花了一个小时谈论邮票,看他儿子的照片,然后又花了一个多小时,把华特尔所想要知道的资料全都告诉他,然后叫他的下属进来,问他们一些问题。他还打电话给他的一些同行,把一些事实、数字、报告和信件,全部如实地讲了出来。

　　如果这个世界缺乏真诚,我们的脸上就仿佛蒙上了一个面具,也无法

第十二章 善待别人也是善待自己

看清每一个人的真面目。

　　真诚是做人的根本,那些取得巨大成功的人都有一个共同的特征,那就是为人真诚。如果你是一个真诚的人,人们就会了解你、相信你。不论在什么情况下,他都知道你说的是实话,都乐意同你接近,因此你也容易获得好的人缘。如果你存有防备心、猜疑心,不能敞开自己的胸怀讲实话、真话,总是遮遮掩掩,吞吞吐吐,这样是无法搞好人际关系的。

　　詹姆斯作为一个新手,在进入汽车销售行的第一年就登上公司的推销亚军宝座,令许多人都羡慕不已。同事纷纷向他祝贺,讨教经验似的问:"你是如何取得这么好的销售业绩的?你真棒!"但詹姆斯一时也说不出个所以然来,这也成为一个问题,困扰了他好几天。

　　直到有一天,詹姆斯坐在车上,忽然想起来了:真傻,问问客户不就清楚了吗!他扬了扬手中的签约单,笑着对自己说:"好,现在就开始!"

　　今天的客户乔治先生是一家地产公司的老板,是詹姆斯以前的一个客户介绍过来的,算上今天这次,这是他们的第三次见面。詹姆斯觉得乔治先生很直爽,向他问这个问题应该不会太失礼。

在乔治先生家中,双方签完约,合上合同文本,詹姆斯又很有耐心地向乔治先生重复了一遍公司的售后服务和乔治先生作为车主所享有的权益。然后,才很有礼貌地问:"乔治先生,我有一个私人问题想问一下您,可以吗?"

乔治先生看了一眼詹姆斯,从沙发上坐直身子,说道:"当然可以!"

"是这样的,我想问您,您为什么会和我签约?当然,我的意思是说,其他公司好的推销员很多,您为什么会选择我?"第一次问这种问题,詹姆斯觉得有点不好意思,略带歉意地望着乔治先生。

乔治先生爽朗地笑了起来,很高兴地说:"年轻人,我果然没有看错人。"乔治先生接着说:"你是我的朋友介绍的,他也在你这儿买过车,你该记得的。当时他就告诉我:'这小伙子很诚实,我信得过他。'我听了有点不以为然,你别介意,但我确实是如此想的。推销员我见多了,还不都是油嘴滑舌,把自己的产品吹得天花乱坠吗?但第一次见面,你言简意赅地向我介绍了几款车,便静静地听我讲述要求。我们交谈时你双目注视着我,给我留下深刻的印象,的确,像我朋友所说的,你与别的推销员不同,你很真诚。

"第二次见面时,你全力向我推荐了这款车。其实这款车我早就注意过了,我也听了不下6个推销员向我介绍这款车,但你又一次打动了我。应该说,这款车的性能、价位、车型设计等都比较符合我的要求,正在我犹豫之际,你又主动跟我说:'这款车许多客人初看都很喜欢,但买的人不算太多,因为这款车最主要的缺点就是发动机声响太大,许多人受不了它的噪音,如果对这一点你不是很在意的话,其他如价格、性能等符合你的愿望,买下来还是很合算的。'

"你还记得我试过车后说的话吗?我说:'你特意提出噪音的问题,我原以为大得惊人呢,其实这点噪音对我来讲不成问题,我还可以接受,因为我以前的那款车声音比这还大,我看这不错。其他的推销员都是光讲好处,像这种缺点都设法隐瞒起来,你把缺点明白地讲出,我反而放心了.'你看,我们就这么成交了!"

从乔治先生家里出来,詹姆斯既高兴又激动,脸涨得都有点红了,今天这种方式真不错,很有实效!詹姆斯觉得,这对自己不仅是一种肯定和鼓励,而且还增进了他与乔治先生的交情,刚才出门之前,乔治先生还很热情地邀请他在家共进晚餐呢,这个朋友是交定了!

比尔说过这样一段话:"对商业道德的认真思索,会使人从中受益。那种认为人就应该通过剥夺他人的利益来增加自己的利益的观念是不诚实的想法,我们的社会需要的是正直诚实的商人。"往往你待人真诚,会使很多人帮助你并赞美你,真诚的付出,其实你也不损失什么,这样你在社会中才是强者。

05　微笑会改变一切不愉快

行为胜于言论,微笑就是在对别人说:"我喜欢你,你让我感觉快乐,我喜欢见到你。"

——卡耐基　《人性的弱点》

世界上的每一个人,都在追求幸福。有一个可以得到幸福的可靠方法,就是以控制你的思想来得到。幸福并不是依靠外在的情况,而是依靠内在的情况。决定你幸福或不幸福的,不在于你有什么,或你是谁,或你在什么地方,或你正在做什么,而是你怎么想。比如,两个人也许在同一个地方做同样的事,双方也许拥有等量的金钱和声望——但其中之一也许很难过,另一个也许很快乐,因为两个人的想法不同。

在酷热不毛的热带地区,那些可怜的农奴用他们原始的农具耕作着,在他们身上我们看到了许多快乐的脸孔。而这些快乐的脸孔却无异于我们在纽约、芝加哥、洛杉矶的冷气办公室里所看到过的。

莎士比亚说,没有什么事,是好的或坏的,但思想却使其中有所不同。

如果你不喜欢微笑,怎么办?有两种方法:

第一,强迫你自己微笑。如果你是单独一个人,强迫你自己吹口哨或哼一曲,表现出你似乎已经很快乐,这就容易使你快乐了。下面是已故的哈佛大学教授威廉·詹姆斯的说法:行动似乎是跟随在感觉后面,但实际上行动和感觉是并肩而行的。行动是在意志的直接控制下,而我们能够间接地控制不在意志直接控制下的感觉。

不妨细读艾勃·哈巴德这段贤明的忠告:每次你出门的时候,把下巴缩进来,头抬得高高的,肺部充满空气,沐浴在阳光中,微笑着招呼你的朋友们,每一次握手都使出力量。不要担心被误解,不要浪费一分钟去想你的敌人。试着在心里肯定你所喜欢做的是什么;在清楚的方向之下,你会径直地达到目标。心里想着你所喜欢做的伟大而美好的事情,当岁月流逝的时候,你会发现自己掌握了实现你的希望所需要的机会,正如珊瑚虫从潮水中汲取所需要的物质一样。在心中想象着那个你希望成为的有办法的、诚恳的、有用的人,而你心中的思想,每一个小时都会把你转化为那个特殊的人。思想是至高无上的。

第二,保持一种正确的人生观,一种勇敢的、坦白的、愉快的态度。思想正确就等于是创造。一切的事物都来自于希望,而每一个诚恳的祈祷,都会实现。我们心里想什么,就会变成什么。

古代的中国人,真是聪明绝顶——对世界上的事物看得很透彻。他们有一则格言,我们都应该把它别在帽子里。那则格言说:一个没有微笑面孔的人,不能做生意(和气生财)。

你的笑容就是你的好意的信使,你的笑容能照亮所有看到它的人。对那些整天都看着皱眉头、愁容满面而视若无睹的人来说,你的笑容就像穿过乌云的太阳。尤其对那些受到上司、客户、老师、父母或子女的压力的人,一个笑容能帮助他们了解一切都是有希望的,也就是世界是充满欢乐的。

说到做生意,佛兰克·尔文·弗莱奇,在他为欧本·海默和卡林公司制作的一则广告中,对我们提供了一点实用的哲学,这是对微笑的赞美:

第十二章 善待别人也是善待自己

微笑在圣诞节的价值在于，它不花什么，但创造了很多成果。

它丰盛了那些接受的人，而又不会使那些给予的人贫瘠。

它产生在一刹那之间，但有时给人一种永远的记忆。

没有人富得不需要它，也没有人穷得不会因为它而富裕起来。

它在家中创造了快乐，在商业界建立了好感，而且是朋友间的口令。

它是疲倦者的休息，沮丧者的白天，悲伤者的阳光，又是大自然的最佳良药。

但它却无处可买，无处可求，无处可借，无处可偷，因为在你把它给予别人之前，没有什么实用的价值。

而假如在圣诞节最后一分钟的匆忙购物中，我们的店员累得无法给你一个微笑时，我们能请你留下一个微笑吗？

因为不能给予微笑的人，最需要微笑了！因此，如果你要别人喜欢你的微笑，请记住，常常微笑。

亲切而温和的表情，比一套高贵、华丽的衣服更加能够显示出个人魅力。

笑的影响是很大的，即使它本身无法看到。

俄亥俄州辛辛那提一家电脑公司的经理，为一个很难填补的缺额找到了一位适当的人选。

经理为了替公司找到一个电脑博士几乎伤透脑筋。最后找到一个非常好的人选，刚要从普渡大学毕业。通过几次电话交谈，经理知道还有几家公司也希望他去，而且都比这家公司大而且有名。大学生之所以选择这家公司，是因为其他公司的经理在电话里是冷冰冰的，商业味很重，那使人觉得好像只是另一次生意上的往来而已。但这位经理的声音，听起来似乎真的希望他能够成为公司的一员。

根据美国一家最大的橡胶公司的一名董事长的观察，一个人除非对自己的事业很感兴趣，否则将很难成功。这位实业界的领袖，对那句单靠十年寒窗就可成名的古语，并不具有多大的信心。许多人成功了，因为他们创业的时候满怀兴致。后来，这些人变成工作的奴隶，无聊起来了。他

163

们一点兴致也没有,人生失败了。

不真诚的狞笑骗不了任何人。我们知道那种笑是机械式的,是最让人讨厌的。而我们所需要的是一种真正的微笑,一种令人心情温暖的微笑,一种发自内心的微笑,这样的微笑才能在市场上卖得好价钱。密西根大学的心理学家詹姆士·麦克奈尔教授谈到他对笑的看法时说:有笑容的人在管理、教导、推销上较会有功效,更可以培养快乐的下一代。笑容比皱眉更能传达你的心意。这就是在教学上要以鼓励代替处罚的原因所在了。一个纽约大百货公司的人事经理说,他宁愿雇用一名有可爱笑容而没有念完中学的女孩,也不愿雇用一个摆着扑克面孔的哲学博士。

微笑是宽容,微笑是接纳,微笑是心灵的沟通。在熙熙攘攘的人群中,繁忙的人们虽然近在咫尺,心灵之间却有一条无法跨越的鸿沟,满面春风的微笑则是跨越鸿沟的一座桥梁。

微笑的价值在于,它不需花费什么,但创造了很多的成果。笑容能照亮所有看到它的人,像穿过乌云的太阳,带给人们温暖。

宴会上,格林太太——一个获得遗产的妇人,急于留给每一个人一个良好的印象。她花费了好多金钱在黑貂皮大衣、钻石和珍珠上面。但是,她对自己的面孔,却没下什么功夫。她的表情呆板、言语尖酸、自私,她没发现每一个男人所看重的是:一个女人面孔的表情,比她身上所穿的衣服更重要。

查尔斯·史考伯说,他的微笑价值100万美元。他可能只是轻描淡写而已,因为史考伯的性格、魅力,以及那使别人喜欢的才能,几乎全是他取得卓越成功的原因。他的性格中,令人喜欢的一个重要因素是他那动人的微笑。

有一天下午,莫尔跟莫里斯·雪佛莱在一起。莫尔感到失望,雪佛莱闷闷不乐,沉默寡言,跟莫尔所期望的完全不同。直到他微笑的时候,莫尔的观感才改变,就好像是太阳冲破了云层。如果不是因为微笑,莫里斯·雪佛莱可能仍然是巴黎的一位家具制造者。

行动比言语更具有力量,而微笑所表示的是我喜欢你,你使我快乐,

第十二章 善待别人也是善待自己

我很高兴见到你。

这就是为什么狗这么受人们欢迎的原因。它们多么高兴见到我们。因此,我们也就高兴见到它们。

一个婴儿的微笑也有相同的效果。

你是否在医院的候诊室待过,看着四周的病人和他们沉郁的脸?有一天,兽医史蒂芬的候诊室里挤满了顾客,许多宠物在准备注射疫苗。没有人在聊天,也许每一个人都想着一件以上该做的事情,而不是坐在那儿浪费时间。大约有六七个顾客在等着,之后又有一位女顾客进来了,带着她九个月大的孩子和一只小猫。幸运的是,她就坐在一位先生旁边,而这位先生已等得不耐烦了。可是他发觉,那孩子正抬着头注视着他,并对他无邪地笑着。这位先生当然也对那个孩子笑了笑。然后他就跟这位女顾客聊起她的孩子和他的孙子来了。一会儿,整个候诊室的人都聊了起来,整个气氛就从乏味、僵硬变成了一种愉快。

如果你要别人喜欢你,或是培养真正的友情,就请真诚地微笑。

无论你有多高超的交际艺术,如果缺少了微笑,就像一朵即将枯萎的玫瑰,黯然失色。

165

06　不要做痛打落水狗的傻瓜

> 假如我们要交朋友，我们要多为别人做事——做那些需要时间、精力、公益、奉献的事。
> ——卡耐基　《人性的弱点》

想找寻别人的缺点是白费的，对方一定会立刻摆出防御的姿态，把自己合理化。如果彼此僵持，是很危险的。

过去的德国军队很严谨地遵守一项原则，就是遇到不满时，也不当场抱怨。无论心情多恶劣，也要忍过一个晚上，等第二天冷静下来，再把事情委婉道出。其实，这个原则也可以适用于一般社会，唠叨不停的父母、成天啰嗦的妻子、喜好责骂佣人的雇主、还有爱挑剔别人缺点的人。

历史上有很多怒责别人而了无效果的例子。罗斯福总统与他下一任的塔夫脱意见不合，常起争议，导致二人共同领导的共和党分裂，结果让民主党的威尔逊当选为白宫之主。不仅如此，更迫使美国加入第一次世界大战而改写了整个人类的历史。现在让我们回溯这一段史实。1908年，罗斯福把总统职位让给塔夫脱后，便动身到非洲去猎狮子。等他回国后，竟大发雷霆，痛斥塔夫脱过于保守，与自己的意愿不合。为了确保下一任总统候选人的提名，罗斯福组织了进步党，却造成共和党险些崩溃的危机，使提名塔夫脱为总统候选人的共和党，只得到巴马特州与犹太州的支持，写下了美国选举史上空前的失败记录。罗斯福怪罪塔夫脱，而受责的塔夫脱会坦然认错吗？当然不。

"无论如何，以我的立场，只能采取那样的方式。"塔夫脱理直气壮地为自己辩白。

另外一例是迪伯特唐油田的贪污事件。这轰动一时的案件，使美国人民激愤了好几年。

第十二章　善待别人也是善待自己

贪污事件的主角是在哈丁总统时担任内务部长的爱伯特·霍尔。当时霍尔掌握迪伯特唐油田和艾立克岗油田租赁的实权。这些油田是要供给海军使用的,而霍尔竟然未经招标,突然与朋友爱德华·杜海尼签订合约,擅自将油田出租,收了十万美元的贿款。接着下令将油田附近的所有同行赶走,以免艾立克岗的石油产量减少。这些无辜的受害者当然不会忍气吞声,便一齐到法院提出控诉,终于揭发了一亿美元的贪污事件。整个事件太丑恶了,使哈丁总统蒙受无形的致命伤,共和党也在全国人民的指责下声誉骤降,权高一时的霍尔也沦为阶下囚。

霍尔被处以现职官吏史无前例的重罪,他是否会后悔自己的所作所为呢?答案是否定的。几年后,胡佛总统在一次演讲中提到:"朋友背信的锥心之痛,促使哈丁总统早日身亡。"霍尔夫人一听到这说法,猛然从椅上跳起,声嘶力竭地大叫:"什么?哈丁因霍尔背信而早死?岂有此理!我丈夫从来没有背叛过朋友!就是满屋的黄金也无法诱使他去做坏事!我丈夫才是朋友背信下的牺牲者!"

现在你可以明白,无视自己的错误而责备别人,是人类的天性。不只坏人如此,我们也都是这样的。

当你想责怪别人时,不妨先想想上面我们所举的例子。责备别人就如向天吐口水一样,最终定会落回自己身上的。

普利策是《纽约世界报》的老板,有一段时期还是《圣路易邮报》的主笔和老板。他对待他的记者们,就好像父亲对待儿子们一样。而且那些记者们后来对待这位患眼病双目失明的上司,也好像孝子敬奉慈父一样。

有一个故事可以表明一个记者对于普利策先生的感情如何,不妨在此讲述一番。有一次,一个记者赴一个教会的布道会,在这个过程中,有一个劝道者低着头对这个记者说:"你不到面前来听么?"

他回答说:"对不起,我是一个记者,我到这里来是奉公行事的。"

那个劝道者说:"没有什么公事能比天主的公事还重要。"

记者说:"或许没有,但是在我心中,普利策比天主更重要。"

如果别人对你好,那么他们会死心塌地地替你工作,比你自己替你自己工作还要热心努力些。你能得到的好友越多,就越能扩大你的人格的影响力;相反,你每多增加一个仇敌,就越使你自己变得渺小。得到朋友的衷心帮助是个人工作效率中最重要的一部分。

一个真正的领袖,总是想方设法避免为自己树立仇敌,或是尽量少犯使一个职员或工人怀恨在心的错误。鲍尔文火车头工厂的总经理沃克莱先生说:"我从事工作这么多年来,从来没有恨过别人,或是曾想过对某人进行报复。如果某人在某时做了对不起我的什么事情,我也并不记恨他。我会或者和他把事情谈清楚,或者设法永远回避他。"

假如某人在什么事情上分明是做错了,一个聪明的人,也不会做"痛打落水狗"的傻瓜,而是适当给他退路,不会过分责备他的,因为人都是有自尊的,如果你过分伤了别人的面子,那么,别人也迟早会找机会来报复你。只有那些没有经验的掌权者,才会不管三七二十一地严格执法,而不管这种严格对于被处分者会产生如何恶劣的影响。

克劳利在任某段段长期间,差不多出了一次大事故。有两个工程师,都在铁路上服务了很长时间的,但就是这样的两个人犯下了大错:有一次,由于他们的疏忽,差一点儿使两列火车要迎头撞上。这么严重的事是完全无可推诿的,上面下了命令,要马上开除这两个失职的工程师。但是克劳利的想法却不同。

"像这样的情况,应当给予适当的考虑,"他反对说,"确实,他们的这种行为是不可宽恕的,是理应受到严厉惩罚的。你可以对他们进行严厉的处罚和教训,但是不可剥夺他们的位置,夺去他们唯一可以为生的职业。总的看来,这些年,他们不知创造了多少好成绩,为铁路事业的发展立下了多少汗马功劳。仅仅由于他们这次的疏忽,就要全盘否定他们以前不少的功绩,这样未免太不公平。你可以惩治他们,但是不可以开除他们。如果你一定要开除他们的话,那么,就连我也开除。"

结果这两个工程师还是被留在那里,他们都成了忠诚而效率极高的职工。

如果你看到了这种情形,你就不会为他们为什么会忠心耿耿地为克

第十二章 善待别人也是善待自己

劳利做事感到奇怪了。显然,克劳利帮了他们一个大忙,但同时他也帮了自己一个忙。他本来可以因为他们犯了错而小气、刻薄、严厉地对待他们,这种态度也无可厚非。他甚至可以开除他们,而他们也无话可说,但是如果他这样硬着心肠"秉公执法"的话,无疑便会失去两个忠心的助手了。与此相反,他选择了合乎人情的办法,所以得到了两个有力的助手。

洛克菲勒某次本来有一个很好的机会,可以报复一个爱管闲事的职员的,但是他并不去报复。成功的人不应该小气。事情的经过是这样的:

年轻的洛克菲勒空闲的时间很少,所以他总是带着一个可以收缩的运动器放在随身的袋里——就是一种手拉的弹簧,可以闲时挂在墙上用手拉扯的。有一天,他走到自己的一个分行里去,这里的人都不认识他。他说要见经理。

有一个神色傲慢的职员见了这个衣着褴褛的人,便回答说:"经理很忙。"

洛克菲勒便说,等一等不要紧。当时客房里没有别人,他看见墙上有一个适当的钩子,洛克菲勒便把那运动器拿出来,很起劲地拉着。弹簧的声音打搅了那个职员,以致使得他急忙跳进来,用很不高兴的神气望着他。

169

那个职员冲着洛克菲勒大声吼道:"喂,你以为这是什么地方啊,健身房么?哼,这里不是健身房。赶快把那东西收起来,否则就出去。懂了吗?"

"好,那我就收起来罢。"洛克菲勒和颜悦色地回答着,把东西收了起来。5分钟之后,经理先生来了,很客气地请他进去坐。

那个职员马上气馁了。他觉得他在这里的前程肯定是断送了。洛克菲勒临走的时候,还客气地和他点了点头,而他则一副不知所措的惶恐样子。他觉得在这个星期六的时候,他和付薪金的信封一定会脱离关系了。他把这事告诉了他的妻子。

星期六晚上到了,但是并没有出什么事。过了一星期,再过一星期,也还是没有事。过了三个月之后,他忐忑不安的心才慢慢平静下来。现在很明显,因某种不可理解的缘故,洛克菲勒对于这件事是没有放在心上的。当然,原因也许是洛克菲勒有许多别的重要的事要做,他没有闲工夫为自己的尊严被一个职员所损害这种区区小事操心。这种宽大的胸襟不是任何人都有的,比如那个职员就没有。

获得别人的好感是非常重要的。我们惩罚和责备别人,每每是因为一种愚蠢的自傲心在背后作祟。而这又每每是在法律的面具之下,为私人的不快而进行报复,表面上则装得冠冕堂皇,一副大公无私的样子。

07　不妨流露自己的真情实感

当你当众演讲时,请你把自己对主题的热情体现在言语中,所以,不要故意控制自己的情感,将其全部释放出来,让听众充分感受到你的热切和真诚。这样,你才可以左右听众的注意力。

——卡耐基　《沟通的艺术》

作家哲斯特顿说过:最无聊的畏惧是怕伤感多情。人们因为怕人看

第十二章　善待别人也是善待自己

见自己脆弱的一面,就装作无动于衷的样子来掩饰内心情感。心里想说的是"万分感激",口头上却只是轻轻道一声"谢谢你";心中的感想是"此时一别,不知何时再相逢",但是表现出来的只是无足轻重的挥手"再见"。

许多人以为冷漠和不显露感情是成熟的标志。实际上,压抑着情怀,就像是生活在一个没有酒、没有音乐,或是没有炉火温暖的世界中。因为人有感情,让萍水相逢的两个人成为挚友,让人在无意中收获了很多受益终生的东西;因为有感情,才能成功地建立婚姻和家庭。婚姻必须有感情,就像是做生意必须有信誉。那是一种不可捉摸的因素,却比任何实际条件更有价值。温情从不会破坏婚姻;与之相反,平淡冷漠很容易使婚姻瓦解。

几乎每个有益于人类的进步,都有某一方面的感情力量为推动力。发现胰岛素的班亭医生,出身加拿大农家,小时候有个亲密伙伴——唐娜和他一起踢球、爬树、溜冰、赛跑。有年夏天,唐娜忽然不能和他玩了,她的"血中有糖",以致卧床不起。班亭始终耿耿于怀。后来他学成行医,立志济人。因为他对她有那一份情感,今日千百万糖尿病患者才得以生存。

只有小人才怕暴露真实的感情,而有所作为的人对内心的情感毫不掩饰,恰似对美好的事物或美好的生活一样。诗人爱默生的娇妻去世,他每天到她坟上去凭吊,两年如一日。作为一位文坛伟人,似乎很难被普通人亲近,可是听他讲演的人都觉得他十分亲切。一个村妇在听他讲演之后说:"我们都是思想简单的人,可是我们听得懂爱默生先生的话,因为他直接对我们的心说话。"

罗斯福夫人艾莲娜有一次心有所感,向经济学家巴鲁克请教,她说:"我的头脑叫我做,可是我的内心叫我不要做,我该怎么做?"

巴鲁克的劝告是:"有疑问时,遵从你的心。如果因为遵从你的心而做错事,不会觉得太难过。"

大人物都不怕真情流露,我们为什么要怕? 之所以怕,是因为我们从小就局限在生活的框框里成长。有人说:在事业上不宜动感情,科学没有感情,对自己也不可温柔多情。一定要把自身中最温暖、最好的一部分压住藏起,这种想法实在是太没有价值了。

人怎样才能使感情蓬勃?怎样才能恢复似已消失的深情?

首先要问问自己,下次你再要抑制温暖和蔼的情绪时,应该反省自问:我为什么不流露我的真情?我怕的是什么?这样做,是出于真诚,是故作老成世故,还是怕人说长道短?当然,不适当地过分流露感情并不可取,但更重要的是排除猜忌怀疑,不装模作样,应对生活中亲切感人之事有所反应。

也许给自己找的最多的借口是没有空闲,分秒必争的急促气氛与温柔的情怀格格不入。实际上,抽出一些时间来做那些"看来没有实际价值"的小事,却往往能够美化自己的生活及心灵。例如给远方很久不见的朋友写一封问候怀念的信,或是送人一点小礼物表示感谢等。

时间是一定有的,问题只在如何利用。

从前在某个乡村教区内,一个农民的妻子死了。她是个贤妻良母,儿女长大成人后各自离家独立,她伴着生性乖僻而沉默寡言的丈夫生活了几十年,有一天在洗衣服时突然死去。在葬礼上,她的丈夫没有流眼泪,在走向坟场时,他也没有伤痛的表情。

但是葬礼完毕之后,他迟迟不走,等着和牧师说话。他把手中拿着的一本破旧的小书递给牧师,伤心地说道:"这是一本诗。她喜欢诗,你能替她念一首吗?她总是要我和她一起念,我总说没有空,田里每天都有事要做。不过现在我明白了,一天不下田,并没有什么了不得。"大概非到太迟的时候,我们不会知道应该如何利用时间。多和家人交流,经常肯定和感谢对方为家庭所做的一切,一定更有利于和谐相处。如果这个农民早一点改变心态,早一点懂得流露自己内心的感情,早一点说出自己的感激之情,他就不会留下如此深的遗憾。

爱人为你沏一杯热茶,邻居雨天帮你收起衣服,同事帮你将工作做得很好……面对这一切,你想过惜福与感恩吗?你吝啬过你的赞美之词吗?

第十二章 善待别人也是善待自己

有一个农妇在劳累了一天之后,为家里干活的几个男人准备了一大堆干草当晚餐。恼怒的男人们问她是不是疯了,农妇答道:"嘿,我怎么知道你们会在意呢?二十多年来,我一直做饭给你们吃,你们从没说过什么,也从来没有告诉过我,你们并不吃干草啊!"

在美国曾有人做过一项对离婚妇女的调查,在对家庭生活不满意的众多原因中,比例最高的一项就是"没有人领情"。你相信吗?许多对家庭不满的男人也许会有同样的理由。虽然我们也常常在心里感谢他(她)为我们所做的一切,却从来没有说出或者不懂得如何说出自己的感激之情。不知道适时表达出自己的赞美之情是我们经常忽略的一个毛病。

在简单而丰富的日常生活中,其实只要我们稍微在意的话,很多东西都是值得赞赏的。女儿从学校里带回一份考得不错的成绩单,我们应该赞赏她,这样她会继续努力并对自己充满信心;妻子买了一件新衣服,我们应该赞赏她的眼光,这样的话,她穿起来的时候就会觉得既漂亮又迷人;当疲惫的店员耐心地拿出货物让我们一一挑选的时候,我们也应该称赞他们优秀的服务态度,她工作起来就会更有劲……但遗憾的是,人们常常在这个时候,认为所有的一切都是理所当然,说不出一句赞赏的话来。对这个美德的忽略,会让我们的生活不完美,因为你失去了很多别人感激你的机会,你也就失去了很多心理满足的那种快乐。

所有的这一切,看起来每个人都在做着自己应该做的事而已,没什么值得特别关注的,这种想法不能说是错,但至少是不完全正确:我们忽略了他人的努力、热情与进步,没有促进事情向更好的方向去发展。

按照弗洛伊德的说法,一个人做事情的动机不外乎两点:性冲动和渴望伟大。美国哲学家约翰·杜威认为:人类本质里最深远的驱动力就是希望具有重要性。

在社会的大网中,我们每个人在各自的岗位上织着自己的那根丝。你在使这张网更完美,同时也在享用完美的网给你带来的便利。你需要得到赞美和肯定,别人也是这样,如果大家都吝啬的话,结局就是谁也不付出谁也得不到,那有多么可怕!所以,何不发自内心,真诚地流露情感,经常对他人施以赞美之词,要知道,你说出的只是一句话,享受它的人却得到了整个春天。

第十三章

帮助别人,而不奢望感恩

要想自己快乐,首先要给别人送去快乐。发自内心地帮助别人、付出爱心的同时,自己获得的更多,又何必指望别人一定要感恩于你呢?

01　幸福源于付出

　　为别人做好事不是一种责任,而是一种幸福,因为这能增加你自己的健康和快乐。多为别人着想,不仅能使你不再为自己忧虑,也能帮助你结交很多的朋友。

——卡耐基　《人性的弱点》

　　20世纪美国最杰出的无神论者——西多·德莱特,他把所有的宗教都看成是神话。人生只是一个傻瓜说出的故事,没有任何意义,但是他却遵循着他眼中的"傻瓜"——耶稣所讲的一个道理——帮助他人。德莱特说,如果每个人想在漫长的人生中享受快乐,就不能只想到自己,而应为他人着想。

　　西雅图的卢勃博士已很多年没下床走一步了,但西雅图一家报社的记者斯尔特·郭斯却高度评价他是一个最无私的人。

　　一个常年卧床的人是怎样化解自己的烦恼,成了一个无私的人的呢?答案就是,他一直遵循着"为他人服务"的信念,并努力去实践它。

　　他收集了全国各地瘫痪病人的通讯地址,给他们发出了一封封充满鼓励、洋溢着关心的信件,激励他们勇敢地与病魔做斗争。他把这些病人联合起来,组成了一个瘫痪者联谊俱乐部,让大家相互写信鼓励。

　　他每年要在床上发出1400封信,给许多的病人带来了快乐和笑声。

　　卢勃博士与其他瘫痪在床的病人最大的不同之处在于,他深切地体会到真正地快乐,是在帮助他人的过程中获得的。萧伯纳说过,一个以自我为中心的人,一天到晚都在抱怨别人不能使他开心。只有乐于助人,为他人带来笑声,那么你才能真正地快乐。

　　琳娜太太喜欢写小说,然而她写的任何一部小说都没有她自己的故事精彩。

第十三章 帮助别人，而不奢望感恩

故事发生在"珍珠港事件"当天的早晨。琳娜太太患心脏病已经一年多了，这一年多来，她每天都要在床上躺22小时。在这一年中，她所走过的最长的一段路，就是在女佣的搀扶下从卧室走到花园里去晒太阳。

琳娜太太当时以为这一辈子就这样完了，如果不是那些日本人来炸珍珠港，她也不可能重新开始新的生活。

日本偷袭珍珠港时，有一颗炸弹就扔在了她家花园里，炸弹的震波把琳娜太太从床上震得掉在了地上。军方的卡车到基地附近把战士们的妻儿接到学校中，他们打电话通知那些家中有多余房间的人，要求他们收容这些人。他们知道琳娜太太床边也有一个电话，于是请求她帮他们记录所有的资料。于是琳娜太太仔细地记下了那些海军的妻儿都被送到了什么地方，然后红十字会让那些士兵打电话给她，向她询问他们家人的情况。

很快琳娜太太知道了丈夫平安的消息，于是她尽量想法安慰那些不知道她们的丈夫是否已阵亡的太太们，也安慰那些寡妇们——好多太太已知道失去了丈夫。刚开始的时候，她是躺在床上做这一切的，不知不觉中，她坐了起来。最后，她忙得忘记了自己，下床坐到了桌边。从那以后，她除了每天像正常人一样在床上睡8个小时以外，其余的时间她都是在地上度过的。

如果不是那场战争，琳娜太太后半生都将会在床上度过。珍珠港事件是美国历史上的一大悲剧，但对于她个人来说，却是一件好事，它改变了她后半生的生活，让她发现了她所拥有的力量。它使琳娜太太把注意力转移到其他人身上，去关心他人。这也给了她一个生活下去的重要理由，她再也没有时间去想自己，或是为自己担忧。

那些求助于心理医生的人们，如果都能像琳娜太太那样做，去关心别人，1/3的人都能自己治愈自己。这是著名的心理学家卡尔·莱克说的。他还说，在他的病人之中，大约有1/3的人在生理上都找不到任何病因，他们只是因生活空虚，找不到生活的意义所在。

威廉·贝恩太太在纽约市中心开了一所秘书培训学校，她用这种方

177

法,在让人不敢相信的时间内治好了她的忧郁症。

五年前的圣诞节时,贝恩太太沉陷在自怜与悲伤中。在长时间的快乐婚姻生活之后,她的丈夫离开了人世。在圣诞节来临时,满世界的快乐气氛让她更加悲伤。贝恩太太从小到现在还没有一个人单独过圣诞节。有很多朋友都来邀请她和他们一起过圣诞,她怕自己会触景伤情,破坏了节日的气氛,便一一回绝了。时间越临近,贝恩太太的伤感情绪越浓。圣诞节那天,她一个人在下午三点钟离开了办公室,漫无目的地在大街上闲逛,希望自己的心情能变得好一些。街上挤满了欢乐的人群,这让贝恩太太不自觉地想起那些快乐的往事。她心头十分茫然,实在不敢回到那空荡荡的、没有人气的家中。就这样走了一个多钟头,她发现自己走到了一个公共汽车站前。顺着人群,她上了车。不知过了多长时间,只听乘务员在耳边提醒她,该下车了。她根本不知道到了哪儿,四周很安静。这时,附近一座教堂里传来了优美的乐声,她循声走了过去,静静地坐在教友席上。教堂里灯火辉煌,圣诞树装饰得美轮美奂,不知不觉中,贝恩太太就睡着了。

醒来时,贝恩太太一时忘了身在何方,开始有点害怕。这时,她看见面前有两个小孩,显然他们是来看圣诞树的。其中一个小孩还以为她是圣诞老人带来的。贝恩太太突然醒来,把他们两个也吓了一跳。她冲他们笑了笑,他们的衣服很破旧。贝恩太太问他们的父母在哪儿?他们说自己没有父母了。这两个小孤儿的情况比她糟糕多了,她不禁为自己的忧虑和悲伤感到惭愧。她带着两个小孤儿到附近的商店买了一些小礼物送给他们。这时候,她发现自己的悲痛伤感一下子都没有了。这两个小孤儿让她几个月来第一次忘掉了自己。她要感谢上帝,让她的童年充满了欢乐,她得到了父母无私的爱与关怀。这两个孤儿带给她的远比她带给他们的更多。

这次的经历让她明白,要想让自己快乐,首先要给别人送去快乐。快乐是能够传染的,在付出的同时也有收获。因为帮助别人、付出自己的爱,她克服了悲伤与痛苦,她感觉自己就像是变了一个人,从那以后一直都是如此。

"不行春风,难得春雨。"生命的绿需要德行的沐浴,坚韧的浇灌,挚爱的孕育。心诚,爱纯,心便会永远绿色长青!把自己的爱心、真心、纯心交付给别人,生命的天堂才会焕发光彩。

02　男士应富有责任感地照料妇孺

成熟男士对妇孺的富有责任感的照料,以及妇孺对帮助者表达的谢意,都不只是礼节上的客套,而是双方发自内心的真诚行为。

——卡耐基 《人性的弱点》

法律和道德都是保护弱者的,头脑中没有这种意识的人都被认为是没有教养的。当女士和儿童上车的时候,男士应该主动开车门;坐车时要给妇女或儿童让座;在看电影或看演出入场时要为女士开路并找到座位,女士在两排之间通过时,入座的男士应起立礼让;当男女相遇时男士应先致意;如果女士不落座,男士就不能独自先行落座;在街上男女同行时,男

士要走在女士左侧。尤其是当妇女和儿童穿越马路时，男子必须陪同护送。文明社会的妇女和儿童在生活中总是会得到特别的照顾和保护，因为尊重妇女和儿童是很多国家的传统美德。

　　从历史和宗教的角度看，这些传统都是有根据的。除了上述礼节之外，还有一些符合国际惯例的礼节值得注意：上下电梯时，应让女士走在前边；下车、下楼时，男士应走在前边，以便照顾女士；进餐时，要请女士先点菜；同女士打招呼时，男士应该起立，而女士则不必站起，坐着点头致意就可以了；异性在握手的时候，男士必须摘下手套，而女士可以不必摘下；女士的东西掉在地上时，男士应该主动帮她拾起来。只有这样，男士的绅士风度才能得到恰当的展示。

　　妇女和儿童在得到帮助和照顾的时候，应当及时表示必要的感谢，不然会被认为是不懂礼貌。由于日常生活中的关心、帮助，往往都只是举手之劳，不会费多大神思，因而很多人常忽略对日常生活中得到的帮助表示感谢。当有人为你递上一杯水，在街上为你指路，捡起你掉下的东西时，你都应当向别人及时表示谢意。说声"谢谢"，显示了你对别人提供的帮助的肯定，也是对处处以保护人的姿态出现的男子的一种鼓励。不要只对大的帮助感激不尽，对生活中的一个小小的善意之举，每个人也都应当怀有一颗感恩的心,并恰当地流露出感动。

　　感谢的途径和方法不拘一格,口头致谢、书面致谢、电话致谢或由他人转达谢意等都可以使用。只要依实际情况灵活操作,都会收到很好的效果。口头致谢是最常用的感谢方式,也最适用于日常生活中。如果别人帮你摆脱了正在面临的困境,应当立即表达自己的谢意。表达感谢的语气一定要诚恳,比如说"真得好好谢谢你,你帮我解决了很棘手的难题",或者是"今天多亏你帮忙,不然我可真没办法了",会让对方感到一丝暖意。这种口头致谢的方式可以在任何时间、地点、场合使用,简单而且有效。

　　所谓"绅士风度",不是道貌岸然,凛然不可侵犯的样子,而是适时地表现出适度的礼貌来。

03　付出不需回报

　　"理想的人"以施惠于人为乐,但却会因别人施惠于己而感到羞愧。因为能表现仁慈就是高人一等,而接受别人的恩惠,却是低人一等。如果我们想得到快乐,我们就不要去想感恩或忘恩,而是要享受施恩的快乐。

　　　　　　　　　　　　　　　　　　——卡耐基　《人性的弱点》

　　人人都希望付出最少的代价,获得最大限度的回报,而人类的天性却是容易忘记感恩。其实,施恩本身已经有着极大的快乐,为什么还要奢求感激呢?

　　既然要付出,就要单纯地付出,不要图回报。别人的感激与表扬并不是你最需要的,你真正得到的有意义的回报是你无私奉献的热情。只要你有了这种热情,你的生活就更加美好、更加惬意起来。在你付出的时候,你的心情坦然了,你就能体会到付出的乐趣。这是一种和你的生活密切相关的处事方式,它不仅会带给你快乐,而且做起来也是轻而易举的。

一个住在纽约的女人,她常常因为孤独而不停地埋怨,她的亲戚们也没有一个人愿意亲近她。如果有人去拜访她,她就会连续几个钟头不停诉说她做的各种好事。

她帮助过的侄女们出于责任感偶尔会来看看她。因为她们知道必须坐在那儿几个小时,听她拐弯抹角地骂人,还得听她那没完没了的埋怨和自怜的叹息,所以都很害怕来看她。后来这个女人无法威逼利诱她的侄女再来看她的时候,她便搬出她的"法宝"——心脏病发作。

关于这是真是假,医生说她有一个"很神经的心脏",才会发生心脏亢进症。而医生们一点办法也没有,她的问题完全是情感上的。

这个女人所真正需要的是爱和关注,也就是她所认为的"感恩图报"。因为在她看来,她去要求别人的那些,都是她该得的,所以她永远也不可能得到这种感恩和爱。

世界上像这样的人不知有多少。这些人都因为"别人的忘恩"、孤独和被人忽视而生病。他们希望有人爱他们,可是在这个世界上唯一能够被爱的办法,就是不再去要求,而开始付出,并且不希望回报。

我们也可以用比尔家的故事来对比一下。

比尔家一直很穷,债台高筑,但他的父母每年总是尽量想办法送点钱到孤儿院去。那是设在爱荷华州的一座基督教孤儿院。

他的父亲和母亲从来没有到那里去看过,或许也没有人为他们所捐的钱谢过他们。虽然偶尔会有几封感谢信,可是他们所得到的报酬却非常丰富,因为他们得到帮助孤儿的乐趣,而并不希望或等着别人来感激。

比尔离家之后,每年的圣诞节总会寄一张支票给父母,让他们买一点比较奢侈的东西。可是他们很少这样做,当他每个圣诞节前几天回到家里的时候,父亲就会告诉他又买了一些煤和杂货送给镇上一些可怜的人——那些有一大堆孩子却没有钱去买食物和柴火的人。他们送这些礼物时也得到很多的快乐——就是只有付出,而不希望得到任何回报的快乐。

实际上,一个真正有智慧、内心充满平和宁静的人,是不会刻意去期

第十三章 帮助别人,而不奢望感恩

待他人的回报的。你的付出也可以使你在情感上得到同等程度的愉悦,你感觉上的回报就是你意识到你做出了这些付出。

如果你感到替别人做了什么而得不到任何回报,那么导致你心里不平衡的根本原因是隐藏在你内心的互惠主义,它干扰你内心的平静,它使你老是在想:我想要什么,我需要什么,我应当索取什么。如果付出就想要得到回报,也许好事就会变成坏事。

有一个美国青年,曾从深井中救出一个小女孩,得到女孩父母的深深感激和众人的钦佩。不幸的是,从此以后,无论他走到哪里都希望人们知道他的这一善行。随着岁月的流逝,人们渐渐淡忘了,但他却念念不忘,越来越无法忍受人们如此对待他这样一个救人英雄,最后他选择了自杀。

在你对他人付出的时候,如果你刻意去期待他人的回报,那么在他人看来,你的付出只是你换取他人回报的"筹码",这样就显得不够真诚,反而无法实现你打造良好人际关系网的初衷。

人生的价值在于你付出了多少,而不是得到多少。付出是一种幸福,为什么还要奢求得到他人的感激呢?

04　不要指望别人的报答

每个人都希望付出最少的代价获得最大限度的回报,而现实情况往往是付出了未必得到回报。人类的天性是容易忘记感激别人,因此,如果我们施一点点恩惠都希望别人感激,那一定是使我们大为头痛的事。

——卡耐基　《人性的弱点》

在德克萨斯州有一个正为某事而愤怒的商人,而令他愤怒的那件事却发生在11个月以前,可是他的火气还是大得不得了,简直无法谈及那件事。他发给34位员工一共1万美元的年终奖金,但没有一个人感谢他。他一直在后悔,并且觉得应该一毛钱都不给他们。

愤怒的人心里都充满了怨恨。他实在令人同情,他大概有60岁了。根据人寿保险公司的计算方法,平均来说,他已经活到了现在的年龄到80岁之间差距的2/3还要多,所以这位先生——就算他有很好的运气——也许还有14~15年可活,而他却浪费了几乎一年的时间,来埋怨怀恨一件早已过去的事情。

他不该沉浸在怨恨和自怜中,他该问问自己:为什么没有人感激他?也许他平常付给员工的薪水很低,而派给他们的工作却太多;也许他们认为年终奖金不是一份礼物,而是他们付出劳动赚来的;也许他平常对人太挑剔,太不亲切,所以没有人敢或者愿意来谢谢他;也许他们觉得他之所以付年终奖金,是因为大部分的收益得拿去付税。

从另一方面来说,也许那些员工都很自私、很恶劣、很没礼貌。而不管怎样,我们都不知道真相如何。感谢是良好教养的成果,在一般人中很难找到。

第十三章 帮助别人,而不奢望感恩

这个人希望别人对他感恩,正犯了一般人的共有缺点,可以说是完全不懂人性。

如果你救了一个人的命,你是不是希望他感谢你呢?可能会。可是山姆·里博维兹在任法官之前是一个有名的刑事律师,曾经救过78个人的命,使他们不必坐上电椅。而这些人中有多少个会感谢山姆·里博维兹,顶多送他一张圣诞卡。

至于钱的问题,这就更没希望了。查尔斯·舒万博曾经说过,有一次他救了一个挪用银行公款的出纳员。那个人把公款花在股票市场上,舒万博用自己的钱救了那个人,让他不至于受罚。而那位出纳员只是在很短的一段时间内感激过他,然后他就转过身来辱骂和批评舒万博——这个让他免于坐牢的人。

要是你给一位亲戚100万美元,你会不会希望他感激你呢?安祖就做过这样的事。可是如果安祖能够从坟墓里复活,他一定会吃惊地发现那位亲戚正在咒骂他。因为他将36 500万美元捐给公共慈善机构,只给了这位亲戚100万美元。

事情就是这样,那个亲戚在他有生之日恐怕不会有什么改变。那个统治过罗马帝国的聪明的马可·奥勒留有一次在日记里写着:"我今天要去见那些多嘴的人——那些自私、以自我为中心、丝毫不知感激的人。可是我既不吃惊,也不难过,因为我无法想象一个没有这种人的世界。"

这话很有道理,要是你到处怨恨别人对你不知感激,那么该怪谁呢?是该怪人性如此,还是该怪我们对人性不了解呢?让我们试着不要指望别人报答,那么如果我们偶然得到别人的感激,就会是一种意外的惊喜;如果我们得不到,也不会为这点难过。

05 给朋友分等

朋友会给你一些主意,好主意能对前因后果反复琢磨,并产生合乎逻辑、具有建设性的计划;而坏主意只能让人紧张,甚至精神崩溃。

——卡耐基 《人性的优点》

两个朋友一起旅行,途中突然遇到一头大熊,其中一位立刻迅速地爬上大树,躲进了树枝里。另一位眼见自己要遭到袭击,便立刻躺倒在地。

当大熊走过来用鼻子在他的全身上下又蹭又闻时,他屏住呼吸,尽量假装死了。熊很快就离他而去。据说,熊从来不吃死人。

熊走远后,树上的那个人下来,问他的朋友熊在他耳边说了些什么。"它给了我这样的忠告,"那个人回答说,"永远不要与那些当危险来临时就离你而去的朋友一起同行。"

常有人说:"千金易得,知己难求。"或慨叹:"相识满天下,知己无一人。"不错,知己难得。但倘若每个朋友都是知己,可能又很单调,未必能令我们感到满足。不是每个人都会对我们推心置腹,我们也不能期望每个朋友都愿与我们坦诚相待,耐心地听我们发牢骚。友谊的多彩,就在于它不单有知己深交或泛泛之交,而是在此二者之间存在了多种深浅不同的层次。做人有无"心机",也在于我们是否懂得分辨和接纳不同层次的

第十三章 帮助别人,而不奢望感恩

朋友,对他们有合适的期望,同时了解增进与维系各种情谊的方法。

1. 知己

是我们人生中绝难找到的极少数朋友,他们可以诚意地接纳我们的优点,也会接纳我们的缺点,处处忠诚地为我们着想。他们像面镜子,能给予我们劝勉和鼓励;又像影子,永远对我们信任、支持,是维持我们精神健康的支柱。

不过,对于知己,我们也有义务不断地付出,同样舍己地为他的益处着想。去接纳、支持、聆听和帮助,是知己的责任。但是切记不要滥用知己的权利——知心朋友不等于"黏身"朋友,更不能要求对方完全同意自己、迁就自己。

2. 死党

他们多是一些来往密切、与自己的生活圈子很接近的朋友,彼此有相同的思想,相同的遭遇,故而很容易谈得来,在行动上有默契地成为一伙儿,组成小圈子活动。"死党"是我们日常生活的好伙伴,可驱除孤单感,增加自信心,为生活加添色彩和热闹,是有需要时最好的支柱。

但若要整个"死党"能相处愉快,就需要大家彼此迁就,不执意独行,有合群的性格,才能发挥联合的力量。"死党"有事求助我们,就该不吝啬地挺身给予援手,常加鼓励。不过,可不要单单陶醉在这个"小圈子"里,完全排斥外界朋友,否则,可能会失去很多宝贵的友谊,更不要持着后盾和势力而互相纵容。

3. 老友

他们是与我们很熟悉、相识多年的老朋友,如旧同学、一起长大的玩伴等。虽然大家见面的机会未必很多,但基于彼此熟悉、了解,每次相逢都能天南地北地亲切交谈,成为一段畅快的经历。他们不是知己,有困难时未必会想到他们;大家的性格也未必接近,不过友谊倒是耐久而隽永,值得我们去珍惜和主动自然地表示关系。不要因为来往少而让友谊止于寒暄、敷衍的地步。

4. 来往密切的朋友

因为活动圈子相同,可能会交到一些接触密切的朋友,如上司、同事、老师、同学等。他们很熟悉我们的生活小节,但却未必是那些互相了解、可倾诉心事的人。

对于这些朋友,虽然大家每日共事共学,但不能对他们要求太高,因为彼此都没有什么承诺和默契。但起码相处应不忘礼貌,言行一致,真诚,工作上给予人方便,都是我们该遵守的,因为他们正是最能看透我们言行、工作能力和态度的人。不要老摆出外交式的笑容和虚假态度,更需小心因日常利害冲突而产生摩擦。

5. 单方面投入的朋友

有些人可能对我们很着迷和信任,常把心事向我们倾诉,但我们却没有那种共通的推心置腹的感觉。也有些时候,我们对某人特别崇拜倾慕,而对方却未必有热烈的反应,这种不平衡的关系多产生于一些不同位置的朋友之间,如老师与学生,班长与同学,偶像与"迷"等,不过有时普通朋友间也有这种不平衡现象。

当受人仰慕的时候,可不要轻看和玩弄别人的友情,或表示讨厌和高傲的态度,该尽力去助人成长,给予中肯意见,鼓励他发展独立精神,认识其他朋友。

当我们倾慕别人的时候,也不要成为他人的累赘,过分倚赖。而应该积极从他人身上学习长处。切记,不要盲目崇拜,胡乱抛掷感情。

6. 普通朋友

这类朋友占了朋友圈子的大部分。他们可以和我们东拉西扯,谈些无关痛痒的话题,不过交情上是谁也不欠谁,不会叫大家牵肠挂肚。

虽说是普通朋友,也可成为游乐时的好玩伴。有难事,也可向有专门知识的个别朋友请教。这些来自不同背景的朋友能充实我们的知识,令我们感受到"相识遍天下"的温暖感觉。

这类朋友,只要我们肯扩张生活圈子。自然不会缺乏。

7. 泛泛之交

大家的友谊仅止于认识的阶段,是点头之交,连普通话题也未必有机会聊。大家若能做到见面时打打招呼,保持礼貌距离,已是很不错的了。千万别对人随便过分信任,否则会误交朋友,后悔就迟了。

"有了朋友,生命才显示出全部的价值。智慧、友爱,这是照亮我们黑夜的唯一光亮。"其实,一个人的成功,除了时、运、命和自身的努力之外,还离不开众多朋友的支持和帮助。

要把朋友分等级其实并不容易,因为人都有主观的好恶,有时会把一个赤诚之心的人当成一肚子坏水的人,也会把凶狠的狼看成友善的狗,甚至在旁人点醒时还不能发现自己的错误,非等到被朋友害了才大梦初醒。所以,要十分客观地将朋友分等级是十分困难的,但是,只要你在心理上有分等级的准备,交朋友就会比较冷静客观,就可以在关键时用得上,并且把伤害减到最低。

给朋友分等,对心地纯真、感情丰富的人很困难,他们只会一味付出,不善识人。而且把朋友分等级,他也会觉得有罪恶感。

不过,任何事情都要经过学习,慢慢培养这种习惯,等到了一定年纪,自然热情冷却,不用人提醒,也会把朋友分等级了。

给朋友分等级,也可以简单地分为"可深交级"和"不可深交级"。

可深交的,你可以和他分享你的一切;不可深交的,维持基本的礼貌就可以了。这就好比客人来到你家,真正的客人请进客厅,推销员之类的在门口应付就行了。

另外,也要根据对方的特性,调整和他们交往的方式。但有一个前提必须记住,不管对方智慧多高或多有钱,一定要是个"好人"才可深交,也就是说,对方和你做朋友的动机必须是纯正的,不过人常被对方的身份和背景所迷惑,结果把坏人当好人,这是很多人都无法避免的错误。

第十四章

关爱你的仇人

耶稣说,当我们应该原谅我们仇人"七十七次"的时候,他也是在教我们怎样生活。爱能使人学会爱,恨却不能止恨,生命有限,何必让有限的生命被恨充满呢?

01　不要把时间浪费在怨恨别人上

我们要遵守那金科玉律，你希望别人怎样待你，你就要怎样待别人。怎么样？从什么时候什么地方开始？答案是：不论什么时候，不论什么地方。

——卡耐基　《人性的弱点》

一个著名的心理学家曾经说："你关注什么，你内在的创造力就会把你塑造成什么。"如果我们放任自己去关注那些阴暗的事情，让怨恨充斥我们的灵魂，那么我们自身也将变得阴暗，将不会再有时间去关照一些积极美好的事物。

1918年，密西西比州松树林里一场极富戏剧性的事情，差点引发了一次火刑。劳伦斯·琼斯——一个黑人讲师，差点被烧死。现在那所学校可算是全国皆知了。早在第一次世界大战期间，一般人的感情很容易冲动的时候，密西西比州中部流传着一种谣言，说德国人正在唆使黑人起来叛变。那个要被他们烧死的劳伦斯·琼斯就是黑人，有人控告他激起族人的叛变。一大群白人一直在教堂的外面，他们听见劳伦斯·琼斯对他的听众大声地叫着："生命，就是一场战斗！每一个黑人都要穿上他的盔甲，以战斗来求生存和成功。"

这些年轻的白人趁夜冲出去，纠集了一大伙暴徒，回到教堂里来，拿一条绳子捆住了这个传教士，把他拖到一里以外，让他站在一大堆干柴上面，并燃亮了火柴，准备一面用火烧他，一面把他吊死。这时候，有一个人提议在烧死他以前，让这个喜欢多嘴的人说话。劳伦斯·琼斯站在柴堆上，脖子上套着绳圈，为他的生命和理想发表了一篇演说。他于1907年毕业于爱德华大学，他那纯良的性格和学问，以及他在音乐方面的才能，使得所有的教师和学生都很喜欢他。毕业以后，他拒绝了

第十四章 关爱你的仇人

一个旅馆留给他的职位,也拒绝了一个有钱人愿意资助他继续学音乐的计划。

因为他怀有非常高的理想,当他阅读布克尔·华盛顿传记的时候,就决心献身于教育工作,去教育他那一族里贫穷而没有受过教育的人。所以他回到南方最贫瘠的一带——密西西比州杰克镇以南 25 里的小地方,把他的表当了 1.65 元后,就在树林里用树桩当桌子,开始了他的露天学校。劳伦斯·琼斯告诉那些愤怒的、等着要烧他的人,他所做过的各种奋斗——教育那些没有上过学的男孩子和女孩子,训练他们做好农夫、机匠、厨子、家庭主妇。他谈到一些白人曾经协助他建立这所学校,那些白人送给他土地、木材、猪、牛和钱,帮助他继续他的教育工作。

劳伦斯·琼斯的态度非常诚恳,也令人感动。他丝毫不为自己哀求,只希望别人了解他的理想。那一群暴民开始软化了。最后,人群中有一个曾经参加过南北战争的老兵相信了他说的话,因为他认得那些琼斯提起的白人。大家明白了,他是在做一件好事,应该帮助他而不该烧死他。那位老兵拿下他的帽子,在人群里传来传去,从那些预备把这位教育家烧死的人群里,募集到 52.4 元钱,交给了琼斯。

后来有人问劳伦斯·琼斯,他会不会恨那些把他拖出来准备吊死和烧死他的人?他回答说:他忙着实现他的理想,没有时间去怨恨别人——他在专心地做一些超过他能力以外的大事,没有时间去跟人家吵架。他说,他没有时间可以后悔,也没有哪一个人能强迫他到恨那个人的地步。

平静与祥和可以使我们做一些从前认为做不到的事情,消除愤怒,原谅所有的人,而后你会发现,其实那些争执是无关紧要的。

小杰克感到特别的痛苦,因为,他是一个不受宠的孩子。

他哥哥是父母亲最疼爱的孩子,尤其是父亲,常常毫无保留地流露出对哥哥的偏爱,经常在亲友面前夸耀他,并以他为傲。不可否认,哥哥的确很优秀,不论是学业成绩或运动方面,他都经常取得优异成绩,更是校内的风云人物。

而小杰克则是一个平凡的孩子,父亲从来不曾过问他的任何活动。甚至有一次他无意中听到父亲说,小杰克是属于妈妈的孩子,小杰克听后感到极度的失望,甚至开始憎恨哥哥,是他将自己的那份父爱夺走的。

被怨恨包围的小杰克变得越来越不快乐,变得更漫不经心,甚至开始逃起学来。

与其怨恨,不如设法自我充实以及让自己更加坚强起来,更爱自己。以接受和宽宏的心态去面对所有的事情。

不要怀有怨恨之心,也一定不要把时间浪费在消极的情绪和事物上,怨恨只会让人陷入痛苦的边缘。学会感激世界上的一切事物,越来越多的美好的事物将出现在我们的眼前。

02 不要对任何人抱有敌意和怨恨

我们也许不能像圣人般去爱我们的仇人，可是为了我们自己的健康和快乐，我们至少要原谅他们，忘记他们。这样做实在是很聪明的事。

——卡耐基 《人性的弱点》

前纽约州州长威廉·盖诺被一份内幕小报攻击得体无完肤之后，又被一个疯子打了一枪，几乎送命。当他躺在医院为生命挣扎的时候，他仍然每天晚上都原谅所有的事情和所有的人。这样做是不是太理想主义了呢？是不是太轻松了呢？如果答案肯定，就让我们来看看那位伟大的德国哲学家，也就是"悲观论"的提出者叔本华的理论。他认为生命就是一种毫无价值而又痛苦的冒险，当他走过的时候好像全身都散发着痛苦，而他认为如果可能，不应该对任何人有怨恨的心理。

伯纳·巴鲁曾经做过六位总统的顾问：威尔逊、哈定、柯立芝、胡佛、罗斯福和杜鲁门。他不会因为他的敌人攻击他而难过，没有一个人能够羞辱或者干扰他，他不让他们这样做。

也没有人能够羞辱或困扰你和我——除非我们让他这样做。棍子和石头也许能打断骨头，可是言语永远也不能伤人。

加拿大杰斯帕国家公园里，有一座可算是西方最美丽的山。这座山以伊笛丝·卡薇尔的名字命名，纪念她在 1915 年 10 月 12 日像圣人一样慷慨赴死。

卡薇尔是被德军行刑队枪毙的一名护士。因为她在比利时的家里收容和看护了很多受伤的法国、英国士兵，还协助他们逃到荷兰。在十月的一天早晨，一位英国教士走进她的牢房里，为她做临终祈祷的时候，伊笛丝·卡薇尔说了两句后来刻在纪念碑上的不朽的话语：我知道只是爱国还不够，我一定不能对任何人有敌意和怨恨。四年之后，她的遗体转送到

英国,在西敏斯大教堂举行了安葬大典。

停止报复最好的办法就是不要像敌视你的人一样。有风度的人是不会在乎别人的敌意的,相反,他们希望用自己的品德化解他人的敌意,这样的人才是最受人尊敬的人,这样的人才会有最多的朋友,最少的敌人。

所谓的"仇人"在你的臆想中影响着你的生活。换个角度,以爱来关怀,化解的正是你心中的怨恨。

03　爱你的仇人就是爱你自己

耶稣所谓"爱你的仇人",不只是一种道德上的教训,而且是在宣扬一种20世纪的医学。这是我们怎样避免高血压、心脏病、胃溃疡和许多其他疾病的良方。

——卡耐基　《人性的弱点》

一位名人曾经说过:"憎恨别人就像为了逮住一只老鼠而不惜烧毁你

第十四章　关爱你的仇人

自己的房子,但老鼠一定逮不到。"这句话说得的确很有道理,对待反对你的人,我们需要的不是相对应的仇恨,而是需要用高尚的品德来化解双方的仇恨。因为以牙还牙的人无异于引火烧身,只会把自己烧焦。

如果一个人的头脑被那些令人不满的仇恨情绪所占据,就会逐渐失去快乐的能力,并开始习惯于注意那些消极、琐碎甚至卑鄙的事情,无形之中,我们的思想也会渐渐充斥着这样的一些事情。这种情绪越聚越多,于是,消极、琐碎甚至卑鄙的事情就会在我们的身边聚集,而且越来越多。

当耶稣基督说,我们应该原谅我们的仇人"77次"的时候,他也是在教我们怎样生活。

在为人处世中,做人要有容人的雅量,容忍别人对你的敌对行为,容忍别人对你犯下的错误,这样对你自己也是有好处的,你们很可能就会因此化敌为友。

米奇最近得了严重的心脏病,医生命令他躺在床上,不论发生任何事情都不能生气。人们都知道,心脏衰弱的人,一发脾气就可能送掉性命。

在华盛顿州,有一个饭馆老板就是因为患有心脏病而又生气死去的。几年前,在华盛顿州史泼坎城,68岁的威廉·传坎伯开了一家小餐馆,因为他的厨子一定要用茶碟喝咖啡,而使他活活气死。当时威廉非常生气,抓起一把左轮枪去追那个厨子,结果因为心脏病发作而倒地死去,当时手里紧紧抓着那把枪。验尸官的报告宣称:他因为愤怒而引起心脏病发作。

当耶稣说"爱你的仇人"的时候,他也是在告诉我们:怎么样改进我们的容貌。有这样一些女人,她们的脸因为怨恨而有皱纹,因为悔恨而变了形,表情僵硬。不管怎样美容,对她容貌的改进,也不及让她心里充满了宽容、温柔和爱所能改进的一半。

杰克是一位布商,最近由于一位对手的竞争陷入困境。

对方在他的经销区域内定期走访印染厂与客户,告诉他们杰克的公司不可靠,他的布质量不好,尺码不足,生意也面临即将停业的境地。杰克知道这件事后,非常愤怒,想找个机会报复一下这个家伙。

有一天,杰克听了一位牧师在讲道,主题是要施恩给那些故意跟你为难的人。杰克告诉牧师,就在上个星期五,他的竞争者使他失去了一份30万匹布的订单,但是,牧师却教他要包容对手,化敌为友,而且他举了很多例子来证明自己的理论。

当天下午,杰克在安排下周的日程表时,发现住在华盛顿的一位顾客正要为员工定制新工作服而需要一批布。可是这位顾客所指定的布料不是杰克的公司所能制造供应的,却与杰克的竞争对手出售的产品很相似。同时杰克也确信那位满嘴胡言的竞争者完全不知道有这笔生意的机会。

这使杰克感到为难,如果遵从牧师的忠告,他觉得自己应该告诉对手这笔生意的机会,并且祝他好运。但是如果按照自己的本意,他只希望对手永远没有生意。

杰克内心挣扎了一段时间,最后,他还是听从了牧师的劝导,于是杰克拿起电话打给竞争者。

第十四章 关爱你的仇人

杰克很有礼貌地直接告诉他有关华盛顿的那笔生意机会,爱乱说话的对手难堪得一句话都说不出来,他很感激杰克的帮忙。杰克又答应打电话给那位住在华盛顿的客户,推荐由对手来承揽这笔订单。

后来,杰克得到非常惊喜的结果,对手不但停止散布有关他的谣言,甚至还把自己无法处理的一些生意转给杰克做。现在,他们已经成为了好朋友。

怨恨的心理,甚至会毁了我们的胃口。正如《圣经》所说:怀着爱心吃菜,也会比怀着怨恨吃牛肉好得多。

要是我们的仇家知道我们对他的怨恨使我们筋疲力尽,使我们疲倦而紧张不安,使我们的面容受到伤害,使我们得心脏病,甚至可能使我们短命的时候,他们一定会大为开心。

即使我们不能爱我们的仇人,至少我们要爱我们自己。我们要使仇人不能控制我们的快乐、我们的健康和我们的容貌。